SOUS PRESSE : LE CHEVALIER DE POMPONNE, comédie en trois actes et en vers.
LE PETIT HOMME GRIS, comédie-vaudeville en un acte.
EN VENTE : LA JUSTICE DE DIEU, drame en cinq actes et six tableaux.
UNE NUIT TERRIBLE, vaudeville en un acte.
LADY SEYMOUR, drame en 5 actes.

LA FRANCE
DRAMATIQUE
AU DIX-NEUVIÈME SIÈCLE,
Choix de Pièces Modernes.

Gymnase.

LA BELLE ET LA BÊTE
COMÉDIE-VAUDEVILLE EN DEUX ACTES.

C. T.

952—953.

PARIS.
C. TRESSE, ÉDITEUR,
ACQUÉREUR DES FONDS DE J.-N. BARBA ET V. BEZOU,
SEUL PROPRIÉTAIRE DE LA FRANCE DRAMATIQUE,
PALAIS-ROYAL, GALERIE DE CHARTRES, Nos 2 ET 3,
Derrière le Théâtre-Français.

1845.

LA BELLE ET LA BÊTE

COMÉDIE-VAUDEVILLE EN DEUX ACTES,

PAR MM. BAYARD ET VARNER,

Représentée pour la première fois, à Paris, sur le théâtre du Gymnase-Dramatique, le 22 mars 1845.

Personnages.	Acteurs.
VAUCHERON	MM. TISSERANT.
FEUCHEROLLES	KLEIN.
ÉDOUARD	RNOZEVIL.
FRANCIS	MONVAL.
DURAND	RÉBARD.
ANTOINETTE	Mmes ROSE CHÉRI.
CAMILLE	ANNA CHÉRI.
ERNESTINE	C. MELCY.

La scène se passe à Paris, chez Vaucheron.

ACTE PREMIER.

Le théâtre représente un petit salon dans les bureaux de Vaucheron. — Casiers au fond, bureau à gauche. — Une table à droite. — Porte au fond, portes latérales.

SCÈNE I.

ERNESTINE, puis DURAND, puis FRANCIS.

ERNESTINE, assise à droite, près de la table.

C'est une singulière idée que mon père a eue de me faire amener ici... chez mon parrain... Encore, si M. Georges arrivait à son bureau pendant que je suis dans la maison !... Bon M. Georges ! si j'osais le recommander à mon parrain... Mais il me fait peur, mon parrain !... Et M. Georges, au contraire !... (Écoutant.) Eh! mais qu'est-ce que j'entends ? on se dispute déjà?... par ici, dans les bureaux !...

DURAND, sortant du cabinet de Vaucheron à gauche.*

C'est indigne ! c'est affreux ! pas moyen de vivre avec cet homme-là !

ERNESTINE.

Ah ! monsieur Durand, qu'est-ce donc ? à qui en avez-vous ? à mon parrain ?

DURAND.

Eh ! parbleu ! qu'est-ce qui crie toujours ? qui gronde toujours ? Pour quelques méchantes fleurs qu'on lui a volées !

ERNESTINE.

Dame! ses fleurs !... c'est tout ce qu'il aime !... et ce matin, quand je suis arrivée de chez mon père, je ne sais pas pourquoi... il était près de son rosier... il l'arrosait... il lui parlait... Il ne faisait pas attention à moi.

AIR : Voltaire chez Ninon.

Il suivait d'un œil attendri
Les roses qui venaient de naître.

DURAND.

Qui pourrait soupçonner chez lui
Ce goût délicat et champêtre?
Lui, le plus âpre des banquiers,
Si brusque en ses humeurs chagrines!
Mais s'il aime tant les rosiers,
C'est à cause de leurs épines.

* Durand, Ernestine.

Tenez, tenez, il gronde encore! Ce pauvre M. Francis!.. son caissier... le vieil ami de son père!

FRANCIS, sortant aussi du cabinet à gauche.

C'est bien, monsieur, on poursuivra! (En scène.) Me parler ainsi, à moi qui l'ai vu naître... qui l'ai élevé... à moi, qui depuis trente ans!...

ERNESTINE. *

Bon monsieur Francis, mon parrain vous a fait de la peine?

FRANCIS.

Ah! mademoiselle, c'est à déserter la maison! Je l'aimais, je le croyais bon au fond!... il l'était... Mais chaque jour il devient plus intraitable... et s'il continue... ça me fera du chagrin, j'en mourrai... mais je le quitterai.

ERNESTINE.

Vous?

DURAND.

Le quitter!... C'est-à-dire que j'irais au Mogol pour ne plus le voir!... J'aimerais mieux servir le Grand-Turc!

FRANCIS.

Personne ne reste à son service!

DURAND.

Il fait peur à tout le monde. (Écoutant.) Bien! c'est le tour de Mme Mathias... la gouvernante de la maison... la seule femme qui ait tenu bon!

ERNESTINE.

Oh! moi, je ne comprends pas ça!... Il me semble qu'à votre place j'aurais du courage... Je ne suis pas un homme... c'est possible!... mais je me révolterais!... je lui dirais...

DURAND.

Le voilà!

ERNESTINE.

Ah! je me sauve!

(Elle sort à droite, en courant.)

SCÈNE II.

VAUCHERON, FRANCIS, DURAND, à la fin, FEUCHEROLLES.

VAUCHERON, à la cantonade.

C'est bon! vous partirez!... Ah! Francis, vous ne tiens pas à vous!... Ah! Francis, vous ferez le compte de Mme Mathias... Elle partira aujourd'hui.

FRANCIS. **

Permettez, monsieur... La seule femme qu'il y ait ici pour vous soigner, pour donner des ordres... pour tenir votre maison!...

* Francis, Ernestine, Durand.
** Francis, Vaucheron, Durand.

VAUCHERON.

C'est possible! mais elle est sans cesse à gronder.

DURAND, entre ses dents.

Et monsieur veut gronder tout seul!

VAUCHERON.

Qui est-ce qui vous parle, à vous, fainéant? Mon déjeûner est-il prêt?, que faites-vous ici?... Parlez!

DURAND.

C'est que...

VAUCHERON.

Taisez-vous!

DURAND.

Ah! monsieur, c'est trop fort! Je n'y tiens plus! Tant pis... j'étouffe... et s'il fallait vivre toujours ainsi, j'aimerais mieux...

VAUCHERON.

Vous en aller!... soit!... (A Francis.) Faites-lui son compte ce soir, et que je ne le voie plus!

DURAND.

Moi, monsieur... Mais vous n'y pensez pas!... Si vieux!... où irais-je?...

FRANCIS.

Comme c'est gentil un petit caractère comme ça!

VAUCHERON.

Qu'est-ce que c'est? qu'est-ce que vous dites?

FRANCIS.

Je faisais votre éloge!

VAUCHERON.

Je n'en ai que faire... Vous seriez mieux à votre bureau, à votre caisse!... L'argent ne rentre pas; vous êtes trop grand seigneur pour vous en inquiéter.

FRANCIS.

Permettez!

VAUCHERON.

Je ne permets rien. Cette traite d'hier?...

FRANCIS.

Je vous l'ai dit... c'est M. Georges Breton, un de nos jeunes commis, qui a dû la toucher.

VAUCHERON.

M. Georges! encore un que je chasserai... Un drôle qui ne laisse pas de mal à faire! (A Durand.) N'est-ce pas lui qui, tous les soirs, en partant, me vole ces fleurs que je cultive moi-même?...

DURAND.

Dame! je l'ai vu!

VAUCHERON.

Ah! il n'est pas rentré? Et il a dû toucher cette traite... Combien?...

FRANCIS.

Dix mille francs!

VAUCHERON.

Ah! il n'est pas rentré? Je porterai plainte! je le ferai arrêter.

FRANCIS.

Comment! vous le soupçonnez?...

VAUCHERON.
Pourquoi pas?
FRANCIS.
Un jeune homme !
VAUCHERON.
Raison de plus !... Un petit fat !
FRANCIS.
En qui j'ai confiance !
VAUCHERON.
Vous? Eh bien! tant mieux ! Au fait, c'est votre faute !... Vous paierez pour lui !
FRANCIS.
Je paierai ! je paierai ! comme si je m'étais enrichi à votre service !... Ah ! ce n'est pas ainsi que votre père me parlait !... Il me traitait avec amitié... Mais ce ne sont pas des amis qu'il vous faut à vous... il ne vous faut que des flatteurs... (Montrant Feucherolles qui entre.) et en voilà un !
VAUCHERON, allant à Francis, avec émotion.
Francis !   (Francis sort à gauche.)
DURAND.
Oh ! oui, en voilà un !   (Il sort par le fond.)
FEUCHEROLLES.
Hein ! moi ! Qu'est-ce que c'est?

SCÈNE III.

VAUCHERON, FEUCHEROLLES.

VAUCHERON, s'asseyant près du bureau.
Et lui aussi ! Ils se plaisent tous à me faire enrager.
FEUCHEROLLES.
Flatteur! moi ! Il tombe bien !...
VAUCHERON.
Eh bien! je me passerai d'eux tous... Je ferai maison nette.
FEUCHEROLLES, s'approchant de lui.
Ah ça ! mais qu'est-il donc arrivé ce matin, mon aimable ami ?...
VAUCHERON.
Aimable ! vous ne pensez pas ce que vous dites !
FEUCHEROLLES.
Si fait !
VAUCHERON.
Eh! non !
FEUCHEROLLES.
Mais si !
VAUCHERON, se levant avec colère.
Mais quand je vous dis !... (Lui prenant la main.) Pardon, tenez, je ne sais ce que j'ai... Je suis malheureux !... j'ai mal dormi !... J'aurais du plaisir à battre quelqu'un !

* Feucherolles, Vaucheron.

FEUCHEROLLES, s'éloignant.
Oh ! quelle idée originale !
VAUCHERON.
Celui-là, du moins, aurait raison de se plaindre de moi ! de me quitter !... comme les autres !
FEUCHEROLLES.
Les autres ne se plaignent pas... au contraire !
VAUCHERON.
Vous croyez? Est-ce que je ne sais pas comme on me traite... Mes domestiques ne restent ici que parce que je les paie.
FEUCHEROLLES.
Les domestiques sont tous comme ça !
VAUCHERON.
Mes commis portent envie à ma fortune ! Il n'y a que ce vieux Francis... le seul qui me soit attaché de cœur... l'ami de mon père... Il m'aime !
FEUCHEROLLES.
Tiens ! il n'est pas le seul !
VAUCHERON.
Et où donc ? A la Bourse, n'est-ce pas ? où je ne dis pas un mot qui ne passe pour une bêtise.
FEUCHEROLLES.
Ça tient au terroir !
VAUCHERON.
Dans les salons ? où je ne vais plus... où l'on riait de moi derrière des éventails... On dirait que je suis une bête curieuse !
FEUCHEROLLES.
Oh ! une bête !
VAUCHERON.
Oui.. Ici même... dans ce quartier... ma maison est notée... Et tenez, du temps des émeutes, mes carreaux étaient toujours cassés... Pourquoi ? Est-ce que je me mêlais de politique ?
FEUCHEROLLES.
C'étaient les vitriers qui faisaient ces choses-là !
VAUCHERON.
Et quand je sors, on dirait un ours qui s'échappe de sa caverne. On me regarde passer... on me montre au doigt..

AIR du Verre.

La foule, d'un air ébahi,
Quelquefois sur mes pas s'arrête,
Et j'entends murmurer : C'est lui !
La bête !... voyez donc la bête !
On m'insulte !...
FEUCHEROLLES.
C'est du nouveau !...
Quand tant de bêtes bien connues,
Jouissant de l'incognito,
En paix circulent dans les rues,
Tant de bêtes incognito
Circulent en paix dans les rues.

Ce n'est pas l'embarras, on m'appelle bien flatteur, moi qui vous dis toutes vos vérités ; vous êtes brusque, c'est vrai... violent, je ne dis pas... Je vous le répète tous les jours et très haut !... Mais vous êtes bon.

VAUCHERON.
N'est-ce pas ?...

FEUCHEROLLES.
Je vais même plus loin... Je soutiens que vous êtes trop bon ! Oui, vous vous fâcherez, si vous voulez, voilà comme je vous flatte... Vous êtes trop bon ! c'est un tort !

VAUCHERON.
C'est possible !

FEUCHEROLLES.
C'est peut-être un peu trop franc... ce que je dis là...

VAUCHERON.
Mais alors, si je suis bon, c'est sans le vouloir... parce que, voyez-vous, ce monde qui ne m'aime pas, je le lui rends bien !... Je n'ai pas confiance... je tiens ça de mon père qui se défiait de tout... qui ne croyait rien... Et au fait, ce monde, qu'a-t-il fait pour moi ? M'a-t-il donné un ami ?

FEUCHEROLLES.
Et moi, ingrat !

VAUCHERON.
Eh ! mon Dieu ! vous, vous êtes mon homme de paille... C'est sous votre nom que je prête mon argent... à un tas d'imbéciles... Je vous fais de bonnes remises, je vous donne de bons dîners... Vous êtes gourmand !

FEUCHEROLLES.
Toujours spirituel !

VAUCHERON.
Vous êtes mon ami, soit, je le veux bien !... Mais ce monde, je ne lui demandais qu'une femme qui m'aimât pour moi !

FEUCHEROLLES.
Les femmes ! allons donc ! Elles n'ont jamais aimé que pour elles !

VAUCHERON.
Je n'ai pas même eu du bonheur pour mon argent !... Elles me trouvent laid !

FEUCHEROLLES.
Qui est-ce qui est beau ? Moi-même qui vous parle...

VAUCHERON.
Et tenez, à l'Opéra, le seul spectacle que je comprenne à cause des ballets, j'avais remarqué une petite sauteuse qui m'allait assez... un air piquant...

FEUCHEROLLES.
Gaillard !

VAUCHERON.
Oui, parlons-en !... J'en étais fou ! Je lui écrivis en lettres d'or, à dix heures... A quatre, je me crus adoré, et à huit heures elle se moquait de moi !... J'étais trahi !

FEUCHEROLLES.
Ça n'a pas duré longtemps.

VAUCHERON.
Et pour qui ? Pour un fat qu'on trouve joli garçon, parce qu'on le croit riche... et il n'a pas le sou... Ruiné !

FEUCHEROLLES.
Ah bah !...

VAUCHERON, riant.
Ah ! ah ! ah ! J'en sais quelque chose... toute sa fortune est tombée dans ma caisse !... Ah ! ah ! ah !... Plus rien !...

FEUCHEROLLES, riant aussi.
Ah ! ah ! ah ! (A part.) Quand il rit, il me fait peur !... (Haut.) Et ce fat... c'est ?...

VAUCHERON.
Ça ne vous regarde pas. Ce n'est pas pour ça que je vous ai fait venir... Êtes-vous homme à me rendre service ?

FEUCHEROLLES.
Vous vous y prenez de si bonne grâce ! Il s'agit ?

VAUCHERON.
De me marier ?

FEUCHEROLLES.
Ah bah !

VAUCHERON.
C'est une cheminée qui vous tombe sur la tête, n'est-ce pas ? Au fait, pourquoi non ? si j'ai trouvé une femme qui me convienne... une femme à qui je puisse dire : « Ma fortune, la voici, prenez-la, elle est à vous... et rendez-moi heureux ! »

FEUCHEROLLES.
Et cette femme, vous l'avez trouvée ?...

VAUCHERON.
Je l'ai formée moi-même.

FEUCHEROLLES.
C'est donc ça !

VAUCHERON.
La fille d'un pauvre diable que je fais vivre !... vieil ami de ma famille, que ma pauvre mère me recommandait en mourant... Aussi sa fille, je l'ai fait élever... pour moi... pour moi seul !...

FEUCHEROLLES.
Et c'est ?...

VAUCHERON.
La petite Ernestine !

FEUCHEROLLES.
Hein ! la fille du père Desroches ?... Je l'ai vue... Elle est ici !

VAUCHERON.
C'est ma filleule... Elle est venue me souhaiter ma fête... Car c'est ma fête... Personne n'y a pensé... personne... qu'elle !

FEUCHEROLLES, à part.
Maladroit !... je n'y ai pas pensé !...

VAUCHERON.
Pas un bouquet ! On sait que je les aime... on ne m'en donne pas !... Au contraire, j'avais des fleurs... qu'on m'a volées !

ACTE I, SCÈNE IV.

FEUCHEROLLES, lui prenant la main.
Dites donc... je vous la souhaite bonne ! Vous n'avez pas reçu mon bouquet?... c'est étonnant !... il est en route ! un rosier !

VAUCHERON.
J'ai retenu la petite... C'est une occasion, j'en veux profiter pour lui offrir mon cœur, ma main, ma fortune surtout! ma fortune !... Les filles sont très sensibles à cela !

FEUCHEROLLES.
A cela... et au reste.

VAUCHERON.
Mais il faut lui parler...

FEUCHEROLLES.
Eh bien !... mais...

VAUCHERON.
Et je ne sais, quand elle est là, devant moi... je la regarde et je me tais !... Je n'ose pas !

FEUCHEROLLES.
Honnête homme ! allez ! Un millionnaire qui n'ose pas offrir... à une jeune fille !

VAUCHERON.
Et alors, il m'est venu une idée ! Elle doit avoir de l'affection pour vous !...

FEUCHEROLLES.
Mais oui !... les jeunes filles ont assez d'affection pour moi...

VAUCHERON, le regardant.
Ah !... Enfin n'importe !... Si vous lui parliez de mes projets?...

FEUCHEROLLES.
J'entends... pour faire votre déclaration !

VAUCHERON.
Oui !

FEUCHEROLLES.
Vous y avez la main... j'ai toujours été fort pour les déclarations...
(Vaucheron remonte la scène.)

SCÈNE IV.

LES MÊMES, ÉDOUARD, puis DURAND.

ÉDOUARD, en dehors.
Eh parbleu ! je sais bien le trouver.

VAUCHERON.
Édouard !... silence !

ÉDOUARD.
Eh ! le voici !... ce brave cousin !... Bonjour, banquier ! comment ça va-t-il ?... Bien ?... j'en suis enchanté... Et moi, pas mal. (Saluant Feucherolles.) Monsieur.. (A part.) Il y a de drôles de figures dans la banque ! (S'asseyant près du bureau.) Vous permettez, n'est-ce pas ?*

VAUCHERON.
Dame ! quand on le demande aussi poliment.
(Il va sonner à la cheminée au fond.)

FEUCHEROLLES, à part.
Il ne se gêne pas.

ÉDOUARD.
En me réveillant, ce matin, je me suis rappelé que je n'avais plus le sou dans ma bourse... à sec !... Alors, je me suis dit : C'est le cas d'aller voir mon cousin... mon trésorier, mon banquier, mon usurier... et de lui demander... d'abord à déjeûner !

VAUCHERON, qui est revenu à son bureau, où il range des papiers.
Merci... je ne déjeûne pas.

ÉDOUARD.
C'est-à-dire que... Je comprends... de la rancune contre moi !

VAUCHERON.
De la rancune, moi ! Allons donc !

ÉDOUARD.
Oui, oui, de la rancune... Tu m'en veux de l'histoire de l'Opéra... Tu as tort... c'est ta faute... j'en prends monsieur pour juge !
(Feucherolles s'approche.)

VAUCHERON, sonnant encore avec impatience.
C'est inutile !

ÉDOUARD, se levant.
Qui diable pouvait s'imaginer que tu avais jeté ton mouchoir de pacha parmi les odalisques de l'Académie royale?... Ah ! je t'en félicite... elle était gentille ! (Vaucheron sonne de nouveau et casse le cordon de la sonnette, qu'il jette.) Il fallait me prévenir, moi qui suis de la maison : je t'aurais donné des conseils... je t'aurais formé, reformé, déformé...

VAUCHERON, à part.
Bien ! bien ! va toujours !...

ÉDOUARD.
Au lieu de cela, tu ne me dis rien... et tu m'exposes... à te faire de la peine !

FEUCHEROLLES, à Vaucheron.
Ah bah ! c'est lui qui vous a ?... (Riant, bas à Édouard.) Il est vexé !...

ÉDOUARD, bas.
Il est bien autre chose !

VAUCHERON, riant avec effort. — Pendant toute cette scène, Vaucheron, très impatient, parcourt la scène, allant de son bureau à la cheminée.
A moi ! de la peine !... pas du tout !

ÉDOUARD, gaîment.
Si fait ! si fait ! tu es piqué ! Au reste, ce qui est consolant pour toi, c'est que ça n'est pas sorti de la famille !

FEUCHEROLLES, riant, à part.
Belle consolation !

* Edouard, Vaucheron, Feucherolles.

* Vaucheron, Edouard, Feucherolles.

VAUCHERON, à Durand qui entre au fond.*
Eh bien ! drôle, misérable !.... viendra-t-on, quand je sonne ?
DURAND.
Dame ! monsieur... je faisais mes paquets !...
VAUCHERON.
Dites à Mlle Ernestine de venir ici... Allez !...
(Durand sort.)
ÉDOUARD.
Mlle Ernestine ! Qu'est-ce que c'est que ça, banquier ? **
VAUCHERON.
Hein ?
ÉDOUARD.
Oh ! oh ! n'aie pas peur, j'ai le cœur pris, ma parole !... Je suis amoureux !... mais sérieusement ! amoureux de la vertu en personne !... Un ange que j'ai trouvé...
VAUCHERON.
A l'Opéra ?
ÉDOUARD.
Ah ! ah ! que c'est méchant, pour ces dames !...
FEUCHEROLLES, bas, à Vaucheron.
Charmant ! charmant !
ÉDOUARD.
Du tout ! une jeune fille que j'ai connue dans l'opulence et que les malheurs de sa famille ont rendue plus intéressante encore !... une beauté... accomplie... Il ne lui manque que cent mille écus de dot, pour être digne d'entrer dans la famille ! Mais bah ! elle en sera tout de même.
FEUCHEROLLES.
De la main gauche...
ÉDOUARD.
Peut-être mieux.
VAUCHERON.
Si vous venez me demander mon consentement...
ÉDOUARD, solennellement.
Je viens vous demander de l'argent ! car enfin, vous tenez les cordons de ma bourse.
FEUCHEROLLES, à part, riant.
Ah ! c'est juste !... Pauvre garçon !
VAUCHERON.
Votre bourse ! C'est un compte à faire. (A part.) A mon tour de rire !

SCÈNE V.

LES MÊMES, ERNESTINE, DURAND.

ERNESTINE, entrant avec crainte de la droite.
Me voici, mon parrain !
ÉDOUARD.
Oh ! la jolie personne ! (Allant à elle.) *** Made-

* Vaucheron, Durand, Edouard, Feucherolles.
** Vaucheron, Edouard, Feucherolles.
*** Edouard, Vaucheron, Ernestine, Feucherolles.

moiselle... (Vaucheron se pose entre eux.) Pardon cousin... je saluais mademoiselle, un usage entre gens bien élevés !
VAUCHERON.
C'est bien ! il n'y a pas de mal !... Approchez, mon enfant... M. Feucherolles a, je crois, à vous parler... Je vous laisse avec lui.
ERNESTINE.
Avec monsieur ? (Feucherolles la salue.)
ÉDOUARD, bas, à Vaucheron.
Dis donc... elle ne se soucie pas du tête-à-tête.. Tu aurais pu mieux choisir, vrai... quelqu'un de mieux bâti... une tête plus...
VAUCHERON.
Vous !... j'ai des comptes à vous rendre !
ÉDOUARD.
Ah ! bah ! des comptes, je n'en ai que faire ! Donne-moi de l'argent... et fais-moi servir à déjeuner.
VAUCHERON, à Ernestine.
Adieu ! à bientôt... (Montrant Feucherolles.) Ecoutez-le !
ÉDOUARD, saluant.
Mademoiselle... Pauvre petite !
VAUCHERON.
Venez donc !...
ÉDOUARD.
Me voilà !...
DURAND, entrant du fond.
Il y a là des personnes qui attendent !
VAUCHERON.
Qu'elles attendent !
(Vaucheron et Edouard entrent à gauche.)
DURAND, sortant par le fond.
Ours, va !

ÉDOUARD.

AIR : Les Diables de l'Opéra.

Allons, mon cher, viens, guide-moi.
Je veux gaîment boire avec toi ;
Et, s'il le faut, eh bien ! cousin,
Nous compterons le verre en main !
VAUCHERON.
J'éprouve là je ne sais quoi,
En m'éloignant. Oui, suivez-moi ;
Et pour noyer votre chagrin,
Vous compterez le verre en main.
ERNESTINE.
J'éprouve là je ne sais quoi,
Et je me sens trembler d'effroi ;
J'ai beau rêver, je cherche en vain
Ce que de moi veut mon parrain.
FEUCHEROLLES.
Je vais parler comme pour moi !...
(A part.)
La pauvre enfant, tremblant d'effroi,
Aimerait mieux, j'en suis certain,
L'ambassadeur que le parrain !

SCÈNE VI.

FEUCHEROLLES, ERNESTINE.

FEUCHEROLLES, à part.
Une drôle de commission !
ERNESTINE, à part.
Ce monsieur, qu'a-t-il à me dire ?...
FEUCHEROLLES, s'approchant.
Mademoiselle... (Mouvement d'Ernestine.) Rassurez-vous !... Ce que j'ai à vous dire n'a rien d'effrayant pour une jeune fille... au contraire !...
ERNESTINE.
Mon Dieu, monsieur, qu'est-ce donc?
FEUCHEROLLES.
Eh! de quoi peut-il être question... pour le bonheur d'une jeune fille... si ce n'est d'amour ?
ERNESTINE, le regardant.
Monsieur !... (A part.) Il est joli l'amour !...
FEUCHEROLLES.
Et de mariage !
ERNESTINE, avec effroi.
O ciel !... (Elle le regarde.) de mariage !
FEUCHEROLLES.
Il ne s'agit pas de moi !
ERNESTINE, rassurée.
Ah ! en ce cas...
FEUCHEROLLES, à part.
Pauvre petite ! je me lui souhaiterais !
ERNESTINE, à part.
Il m'avait fait une peur !...
FEUCHEROLLES.
Voyons, ma chère enfant... si l'on vous offrait un mari qui vous convînt ?...
ERNESTINE.
Je le prendrais... Mais c'est peut-être ce monsieur qui sort d'ici... avec mon parrain !
FEUCHEROLLES.
M. Edouard ? non... Celui-là est ruiné... au lieu que le nôtre est riche, très riche !...
ERNESTINE.
Vrai ! (A part.) Oh ! alors ce n'est pas ce pauvre Georges !...
FEUCHEROLLES.
Si c'était monsieur...
ERNESTINE.
Qui ?
FEUCHEROLLES.
M. Vaucheron.
ERNESTINE.
Mon parrain !... Oh ! non, non... vous voulez rire... ce n'est pas lui, n'est-ce pas?...
FEUCHEROLLES.
Eh bien ! si fait !
ERNESTINE.
Oh ! mon Dieu !
FEUCHEROLLES.
Il doit vous plaire ?
ERNESTINE.
Mais pas du tout.
FEUCHEROLLES.
Ah bah! vous refuseriez ?...
ERNESTINE.
Tout de suite !
FEUCHEROLLES.
Ah ! (A part.) Diable ! diable ! (Haut.) Cependant vous devez l'aimer...
ERNESTINE.
Dame ! c'est possible, comme parrain !
FEUCHEROLLES.
Mais comme mari ?
ERNESTINE.
Jamais !
FEUCHEROLLES.
Et pourquoi ?
ERNESTINE.
Parce que...
FEUCHEROLLES.
Mais encore... pourquoi?
ERNESTINE.
Mais... parce que...
FEUCHEROLLES.
C'est clair !... Cependant sa femme...
ERNESTINE.
Sa fortune... je ne dis pas ; mais... Ah ! tenez, monsieur... ça ne se peut pas... ne me faites pas peur comme ça !... Tout le monde le déteste.
FEUCHEROLLES.
Mais s'il était votre mari?... eh bien ?...
ERNESTINE.
Eh bien! je crois que je ferais comme tout le monde !
FEUCHEROLLES.
C'est très clair.

ERNESTINE.

AIR des Anguilles.

Conçoit-on un mari semblable ?
FEUCHEROLLES.
Il n'a que trente ans, bien comptés !
ERNESTINE.
Quel ton ! quelle figure aimable !
FEUCHEROLLES.
Mais il a d'autres qualités.
Il vous aime du fond de l'âme ;
S'il se marie, il ne voudra...
ERNESTINE.
Rien... que faire enrager sa femme !
FEUCHEROLLES.
Oh ! sa femme le lui rendra.
Oui, s'il fait enrager sa femme,
  Sa femme le lui rendra.

ERNESTINE.
Ah! s'il fallait absolument l'épouser, je crois que j'en mourrais...

FEUCHEROLLES.
Vous n'en mourriez pas!

ERNESTINE.
Mais si.

FEUCHEROLLES.
Mais non.

ERNESTINE, avec impatience.
Si fait... j'en suis bien sûre peut-être!

FEUCHEROLLES.
Oh! si vous le prenez ainsi... Me voilà bien avec mon ambassade! Il faut donc lui répondre que vous le refusez?

ERNESTINE.
Sans le lui dire... lui faire entendre que je veux retourner chez mon père... que je ne veux pas me marier.

FEUCHEROLLES.
Il ne le croira pas.

ERNESTINE.
Il n'est pas obligé de savoir qu'il y en a un autre... que j'ai un amoureux...

FEUCHEROLLES.
Un amoureux!

ERNESTINE.
Un petit jeune homme bien gentil... Mais je n'en aurais pas, que ce serait absolument la même chose.

FEUCHEROLLES.
Pauvre Vaucheron!
(Vaucheron a ouvert doucement la porte de droite. Il passe la tête et tousse doucement.)

FEUCHEROLLES.
Ah! (Bas à Ernestine.) c'est lui... restez!

ERNESTINE.
O ciel! (Elle est cachée par Feucherolles.)

SCÈNE VII.

VAUCHERON, FEUCHEROLLES, ERNESTINE.

VAUCHERON.
Je puis entrer?

FEUCHEROLLES.
Oui... certainement, vous pouvez... (A part.) Ma foi! qu'elle s'explique... moi je n'oserai jamais... Il va être dans une colère...

VAUCHERON.
Eh bien?...
(Ernestine s'esquive par la porte à droite.)

FEUCHEROLLES.
Eh bien! mademoiselle va vous répondre elle-même. (Il se retourne et ne la trouve plus.) Eh! mais... eh! mais, où est-elle donc?...

VAUCHERON.
Ernestine?... Elle n'est plus là... elle est sortie!

FEUCHEROLLES.
Ah! (A part.) J'ai bien envie d'en faire autant... de m'en aller... Je m'en vais.
(Il va pour sortir.)

VAUCHERON, le prenant par le bras.
Hein? où allez-vous donc? vous sortez?

FEUCHEROLLES.
Moi?... non... au contraire...

VAUCHERON.
Dites-moi... vous avez?...

FEUCHEROLLES, l'interrompant.
Et votre cousin?... et M. Édouard?...

VAUCHERON.
Il est là... il se console à table... je lui ai fait servir à déjeûner.

FEUCHEROLLES.
Que vous êtes bon! mon Dieu! que vous êtes bon! (A part.) Il se portera à quelque extrémité... je m'en vais...

VAUCHERON, le prenant par le bras.
Vous l'avez vue... Ernestine? vous lui avez parlé?

FEUCHEROLLES.
Oui... oui...

VAUCHERON.
Et?

FEUCHEROLLES.
Dame!

VAUCHERON, le regardant.
Hein?

FEUCHEROLLES.
Quoi?

VAUCHERON.
Sa réponse?

FEUCHEROLLES.
Sa réponse?... Ah! oui!... Oh! ces petites filles, vous savez... c'est si peu... et puis...

VAUCHERON.
Après?

FEUCHEROLLES.
Après?... Que voulez-vous?... nous sommes tous exposés...

VAUCHERON.
Elle refuse?...

FEUCHEROLLES.
Je lui ai dit de vous un mal du diable! Que vous êtes bon! que vous êtes riche!... Hein! suis-je flatteur!

VAUCHERON.
Elle refuse?

FEUCHEROLLES.
Que vous l'aimez; que son bonheur dépend de ce mariage!...

VAUCHERON.
Elle refuse?

FEUCHEROLLES.
Elle demande à partir !
VAUCHERON, accablé, va s'asseoir à droite.
Eh bien ! qu'elle parte !... qu'elle s'en aille !... Encore une ingrate !...
FEUCHEROLLES, à part.
La pilule a mieux passé que je ne croyais...

SCÈNE VIII.

LES MÊMES, FRANCIS.

FRANCIS, entrant par la gauche, des papiers à la main.*
Monsieur...
VAUCHERON.
Qu'est-ce encore ? Je ne pourrai donc pas être seul !
FEUCHEROLLES, à part.
Voilà le feu aux poudres !
FRANCIS.
C'est que... c'est important...
VAUCHERON.
Ah ! Francis ! toujours là quand on ne vous appelle pas. Vous êtes insupportable !
FRANCIS.
Mais, monsieur, c'est pour ce billet confié au petit Georges...
VAUCHERON.
Eh bien !... il est rentré ?... Vous le renverrez aussi... Ah ! on m'accuse d'être dur, méchant... je le serai !...
FRANCIS, s'approchant.**
Mais... c'est... qu'il n'est pas rentré... Il ne rentrera pas.
VAUCHERON.
Vous dites ?
FRANCIS.
Ce malheureux jeune homme n'a pas reparu... il m'a écrit...
VAUCHERON.
J'entends... c'est un voleur !
FRANCIS.
C'est un joueur !
VAUCHERON.
C'est un voleur ! Il faut le poursuivre... le faire arrêter... le dénoncer !...
FEUCHEROLLES.
Au fait... s'il a dérobé...
VAUCHERON.
Au procureur du roi !
DURAND, entrant du fond.***
Monsieur...

* Francis, Feucherolles, Vaucheron.
** Feucherolles, Francis, Vaucheron.
*** Durand, Feucherolles, Vaucheron, Francis.

VAUCHERON.
Quoi ? qu'est-ce encore ?
DURAND.
Il y a là deux dames...
VAUCHERON.
Laissez-moi... je ne veux voir personne !... (A Francis.) Faites-le arrêter !...
DURAND, effrayé.
Moi ?...
VAUCHERON.
Non... ce M. Georges !
DURAND.
Ah !... (A part.) Pauvres filles !
FRANCIS.
Permettez... cette lettre où il avoue sa faute...
VAUCHERON.
Il est bien temps ! il faut un exemple !
(Vaucheron furieux traverse la scène en déchirant la lettre.)
FRANCIS.
Un pauvre jeune homme, dont la famille...*
VAUCHERON.
Hein ? vous allez le justifier ! Vous feriez donc ce qu'il a fait ?...
FRANCIS.
Monsieur... ce que vous dites est indigne !
FEUCHEROLLES.
Bonhomme !
VAUCHERON.
Vous prenez toujours parti contre moi ! Vous êtes un ingrat comme les autres... comme elle... Elle refuse !...
FRANCIS.
Ingrat ? moi, qui, malgré vos injustices, vos violences...
VAUCHERON.
Taisez-vous !
FRANCIS.
Non, monsieur... je parlerai !... et puis, si vous voulez me renvoyer aussi...
VAUCHERON.
Je ne vous retiens pas !
FRANCIS.
Je vous aurai dit au moins que...
VAUCHERON.
Je vous dis, moi, de vous taire !
FRANCIS.
Que vous n'aimez que le mal ! que tout le monde vous hait...
VAUCHERON, bousculant un meuble.
Mais vous tairez-vous ?... ou je vous..
FEUCHEROLLES.
Mon ami !**
FRANCIS, reculant, effrayé.
Ah !... vous êtes une bête furieuse !

* Durand, Feucherolles, Francis, Vaucheron.
** Durand, Francis, Feucherolles, Vaucheron.

VAUCHERON.
Malheureux !... lui aussi !
FEUCHEROLLES, à part.
Il a dit le mot !
VAUCHERON.
Je ne vous pardonnerai jamais !... Allez-vous-en !...

SCÈNE IX.

Les Mêmes, ERNESTINE, puis ANTOINETTE, CAMILLE.

ERNESTINE, entrant en sautant.
Mon parrain ! mon parrain !... je venais pour vous rappeler...
VAUCHERON, allant à elle et la faisant reculer.*
Qu'est-ce ? que voulez-vous ? qui vous a permis de vous présenter ici ?
ERNESTINE.
Pardon, mon parrain... Si j'avais cru... si j'avais deviné... (Bas, à Feucherolles.) Qu'est-ce que vous lui avez donc dit ?
FEUCHEROLLES, à mi-voix.
Que vous ne vouliez pas de lui.
ERNESTINE, de même.
Est-ce qu'on dit jamais de ces choses-là ?
(Elle reporte ses regards sur Vaucheron, et reste immobile.)
VAUCHERON.
Eh bien ! quand vous resterez là à me regarder...
ERNESTINE.
C'est que monsieur Durand a dû vous dire... Il y a là deux dames qui vous demandent...
VAUCHERON.
Je ne veux pas les voir.
ERNESTINE.
Deux jeunes personnes bien intéressantes, mon parrain.
VAUCHERON.
Qu'est-ce que ça me fait ?
DURAND, bas, à Ernestine.
Il faut toujours leur faire signe d'entrer...
FEUCHEROLLES.
Voyons, mon ami...
VAUCHERON.
Allez au diable !... Je voudrais y envoyer tout le monde !
ERNESTINE, à part.
Ah ! que c'est laid un homme en colère !
(Elle va au fond et fait signe de venir.)
VAUCHERON.
Dites à Mme Mathias de reconduire mademoiselle chez son père.

* Durand, Francis, Feucherolles, Ernestine, Vaucheron.

DURAND.
Mme Mathias ?... mais vous l'avez chassée... elle part... comme moi.
FRANCIS.
Comme moi !...
VAUCHERON.
Tant mieux ! (A part.) Plus personne !...

ENSEMBLE.

AIR des Tambours de la garde.

Seul en ces lieux je resterai !
Eh ! oui, sans crainte
Et sans contrainte,
Je puis vivre à mon gré...
Et me fâcher quand je voudrai !
DURAND, FRANCIS.
Oui, je m'en vais, et je pourrai
Parler sans crainte
Et sans contrainte !
C'est trop long-temps, le cœur navré,
A vos fureurs être livré !...
ERNESTINE.
Je veux partir, bon gré, mal gré !
Je meurs de crainte !
Et, sans contrainte,
Oui, s'il le faut, je le dirai,
Jamais ici je ne viendrai !...
FEUCHEROLLES.
Sans adieu donc ! je reviendrai,
Parlant sans crainte,
Riant sans feinte,
Serrer la main à l'ami vrai
Qu'à table ici je fêterai !
(Vaucheron va s'asseoir à droite. — Antoinette et Camille sont entrées sur le signe d'Ernestine, qui les fait avancer.)*

ANTOINETTE.
Monsieur Vaucheron ?
VAUCHERON, sans la regarder.
Il n'y est pas.
FEUCHEROLLES, se détournant pour rire.
Oh !
ERNESTINE, à part.
Dieu ! qu'il est menteur !...
CAMILLE.
Mais...
VAUCHERON, avec impatience.
Il n'y est pas, vous dis-je !... Sortez !
CAMILLE, effrayée.
Oh ! je m'en vais.
ANTOINETTE.
S'il n'y est pas... on peut l'attendre.
VAUCHERON.
Non !
ANTOINETTE.
Mais...

* Francis, Feucherolles, Camille, Antoinette, Durand, Vaucheron, assis.

VAUCHERON.
Non!
ANTOINETTE, effrayée aussi.
Nous reviendrons.
(Elle va pour sortir avec Camille.)
ERNESTINE, bas, à Antoinette.
Mais c'est lui! c'est lui-même!
ANTOINETTE.
Lui? Oh! dans ce cas... (Retenant Camille.)
Reste!... (Elle s'approche de Vaucheron.)
VAUCHERON.
Eh bien?*
ANTOINETTE.
Monsieur Vaucheron?... je veux lui parler!
VAUCHERON.
Mais quand je vous dis...
ANTOINETTE.
Il le faut!
VAUCHERON, se levant avec impatience.
Mais...
ANTOINETTE.
Je ne sortirai pas d'ici sans lui avoir parlé.
VAUCHERON, étonné.
Ah!...
ERNESTINE.
A la bonne heure!... ferme!..
VAUCHERON, la regardant.
Madame... ou mademoiselle...
ANTOINETTE.
Mademoiselle.
VAUCHERON.
Parlez!... (Hésitation.) Parlez donc!
ANTOINETTE.
C'est que je voudrais vous parler... à vous seul.
VAUCHERON, la regardant avec surprise.
A moi seul! (Il fait un signe à Feucherolles.)
FEUCHEROLLES.
C'est-à-dire qu'il faut que nous... Compris.
(Offrant la main à Ernestine.) A ce soir... à dîner!
ERNESTINE, bas, aux jeunes filles.
Du courage!
VAUCHERON, à Francis, avec contrainte.
Avant de partir... avant de me rendre vos comptes, préparez cette plainte au procureur du roi.
CAMILLE, d'une voix étouffée.
O ciel!
ANTOINETTE, la faisant taire, à part.
Je n'ai pas une goutte de sang dans les veines!
REPRISE DE L'ENSEMBLE.
(Feucherolles et Ernestine sortent par le fond, Francis par la gauche, Vaucheron le suit des yeux.)
VAUCHERON, à part, avec émotion.
Il ne me restait que lui!
(Il tombe assis près de son bureau.)

* Francis, Feucherolles, Camille, Antoinette, Vaucheron, Durand, au fond.

SCENE X.

VAUCHERON, CAMILLE, ANTOINETTE.

CAMILLE, bas, à Antoinette.
Oh! qu'il me fait trembler!
ANTOINETTE.
Et moi donc!
(Elles sont tremblantes et les yeux baissés.)
VAUCHERON, assis.
Eh bien! nous voilà seuls... Qu'y a-t-il? que me voulez-vous?...
CAMILLE.
Il y a... monsieur... C'est-à-dire... et puis... (A Antoinette.) Oh! va, va... je n'oserai jamais!
VAUCHERON.
Quand vous voudrez...
ANTOINETTE, s'avançant.*
Voici ce que c'est, monsieur! Nous sommes deux pauvres filles... sans appui, sans soutien... et bien malheureuses!
VAUCHERON.
Qu'est-ce que vous voulez que j'y fasse?
CAMILLE.
Nous n'avons qu'un ami au monde!
VAUCHERON.
Après?...
ANTOINETTE.
Vous le connaissez.
VAUCHERON.
Ah!... C'est possible!
ANTOINETTE.
C'est... c'est notre frère!
VAUCHERON.
Son nom?...
ANTOINETTE.
Il s'appelle Georges. (Avec effort.) Georges Breton!
VAUCHERON.
C'est un voleur!
CAMILLE.
Oh! monsieur!...
ANTOINETTE.
Monsieur... ne parlez pas ainsi!
VAUCHERON.
Comment diable voulez-vous que je parle? Il m'a volé!
CAMILLE.
Volé!
ANTOINETTE.
Grâce, monsieur, grâce! Si vous saviez! Habitué au luxe, au plaisir, comme nous, il nous croyait trop malheureuses des privations auxquelles nous étions condamnées.. Il nous aimait tant!.. Et, entraîné par l'exemple de quelques amis... il est devenu joueur... Mais c'était un bien honnête homme! Il espérait gagner!

* Vaucheron, Antoinette, Camille.

VAUCHERON.
Parbleu! on espère toujours!
CAMILLE.
Oh! pour nous seules!... c'est-à-dire pour moi...
On m'avait parlé d'un beau mariage, et, pour m'enrichir, pour me donner des parures que j'enviais, il aurait voulu avoir des millions.
VAUCHERON.
Rien que ça!...
CAMILLE.
Il était si bon!
VAUCHERON.
Si bon! si bon! C'était pour vous enrichir n'est-ce pas, qu'il me volait mes fleurs! Oui, il avait la manie du vol, à ce qu'il paraît, et tous les jours mes plus belles roses!...
ANTOINETTE.
C'était pour moi. (Vaucheron la regarde, elle continue.) Mon Dieu! oui, pour moi! moi qui n'aime ni le luxe, ni la parure, qui suis toujours simple, je ne lui demandais qu'une rose pour être heureuse!
VAUCHERON, l'écoutant avec plus d'attention.
Ah! c'était pour vous!
ANTOINETTE.
Une rose que je payais d'un baiser. (Il fait un mouvement.) Elle me venait de mon frère!
VAUCHERON.
C'est-à-dire de moi!
ANTOINETTE.
Et je pensais à lui tout le jour!
VAUCHERON, devenant rêveur.
Vous l'aimiez bien, votre frère!
CAMILLE.
Nous l'adorions!
ANTOINETTE.
Aussi, jugez de notre désespoir, lorsqu'une lettre de lui est venue, ce matin, nous apprendre qu'il avait eu le malheur de détourner cette traite... ce billet...
VAUCHERON.
Vous appelez ça un malheur, vous?...
ANTOINETTE.
Qu'il l'avait joué!... perdu!... et que, caché et tremblant, il attendait votre arrêt pour savoir s'il devait vivre ou mourir!... Oui, mourir... car il a du cœur... et plutôt de se laisser arrêter, il se tuerait!...
CAMILLE.
Oh! oui, il l'a écrit et je suis sûre!...
VAUCHERON, à Antoinette.
Continuez donc... vous...
ANTOINETTE.
Oh! alors, monsieur, après avoir bien pleuré, j'ai dit à ma sœur: « Du courage! Il faut le sauver!... Une somme aussi forte! qui nous la prêterait?... Personne! Monsieur Vaucheron est riche, il doit être bienfaisant; il est bon, j'en suis sûre... »

VAUCHERON.
Vous aviez besoin de moi!
ANTOINETTE.
Ah! monsieur.

AIR : Je suis acheteur de rubans.

Il est beau de tendre la main
Au repentir, à la détresse;
Quelquefois encor le chagrin
Se trouve au sein de la richesse!
Mais pouvoir se dire en son cœur :
Quelqu'un me bénit en cachette!
C'est être heureux... et le bonheur
Vaut bien la peine qu'on l'achète.

CAMILLE.
Elle m'a dit cela... nous le pensions.
VAUCHERON, se levant, à Antoinette.
Allez donc toujours... vous...
ANTOINETTE.
Viens, lui ai-je dit, nous lui demanderons la grâce de notre frère... nous l'attendrirons... nous tomberons à ses genoux!
VAUCHERON.
Vous avez dit?...
ANTOINETTE, se laissant tomber à genoux.
Nous y sommes!...
(Camille va pour tomber aussi à genoux, Vaucheron la retient d'une main et reste toujours les yeux fixés sur Antoinette.)
VAUCHERON, à Camille.*
Non! non! laissez!... Allez-vous asseoir.
(Il étend la main vers le fond.)
CAMILLE.
Monsieur!
VAUCHERON.
Je vous en prie!
CAMILLE.
Mais...
VAUCHERON.**
Je le veux! (Camille va au fond. — Il considère Antoinette et la relève d'un mouvement brusque, mais qui semble partir d'une bonne impression. — Après un moment de silence.) Votre frère est coupable... il m'a volé! (Mouvement d'Antoinette.) Il m'a volé!... Dans ce moment, on dresse contre lui une plainte pour qu'il soit poursuivi!
CAMILLE, se rapprochant.
Ah!
VAUCHERON.
Allez donc vous asseoir!... (Elle y retourne.—A Antoinette.) De l'or pour moi, je n'en ai que faire!... Mes fleurs!... mais c'était pour vous... Il ne tient qu'à vous de le sauver...
ANTOINETTE.
Oh! dites, monsieur, dites!...

* Vaucheron, Camille, Antoinette.
** Camille, Vaucheron, Antoinette.

VAUCHERON.

Vous êtes sans fortune, sans espérance d'en avoir... Moi, je suis seul au monde... riche et malheureux!... Personne qui pense à moi... qui veille sur moi... ma maison est maudite... Ils la quittent tous! Restez-y. (Mouvement d'Antoinette.) Ah! déjà! je vous fais peur, n'est-ce pas?...

ANTOINETTE.

Je ne dis pas cela... mais...

VAUCHERON.

Si fait... voyez... décidez... Voulez-vous être ma sœur, ma fille... ma gouvernante... qu'importe? C'est ma condition! Voulez-vous, oui ou non?...

ANTOINETTE.

Mais, monsieur!

VAUCHERON, avec impatience.

Voulez-vous?...

CAMILLE.

Mais...

VAUCHERON.

Allez donc vous asseoir!... (A Antoinette.) Au lieu d'être poursuivi, arrêté... votre frère sera envoyé... bien loin! pour quelque temps! Je m'en chargerai... Personne ne saura... personne!... cela dépend de vous!... Me rendre ce qu'il m'a pris... soit! mais vous ne le pouvez pas!... Vous tremblez... vous voulez du temps, peut-être, pour réfléchir... (Antoinette, sans parler, fait signe que oui.) C'est juste... tant que vous voudrez... je vous laisse dix minutes!... Après cela, un mot, un seul... oui ou non... Tenez... sur un de ces carrés de papier que je trouverai à mon retour... là... Adieu! (Il va jusqu'au fond. — Les deux sœurs, toutes tremblantes, font un mouvement l'une vers l'autre. — Il s'arrête au fond et répète.) Oui ou non!

(Il sort. — Elles restent toutes les deux à se regarder en pleurs.)

SCÈNE XI.

CAMILLE, ANTOINETTE.

ANTOINETTE.

Eh bien?

CAMILLE.

Eh bien!... en voilà un original!

ANTOINETTE.

Ah! j'en tremble encore! Je ne sais si je veille! Moi, rester ici... dans cette maison qui a l'air d'une caverne... près de cet homme qui a l'air d'un... Ah! je ne pourrais pas!... je ne pourrais jamais...

CAMILLE.

Il est laid!

ANTOINETTE.

Que m'importe!... Mais il est bourru! il est méchant... tout le monde le dit!

CAMILLE.

Et tout le monde a bien raison!... Rien que de l'avoir entendu, je suis toute bouleversée!...

ANTOINETTE.

Et mon frère! mon pauvre Georges! qui nous attend!

CAMILLE.

A qui nous adresser pour restituer à ce vilain homme...

ANTOINETTE.

Quand il saura que je pouvais le sauver! que je pouvais!... Oh! non! non! il me défendrait lui-même...

CAMILLE.

Mais, sans nous, il est perdu!

SCÈNE XII.

ÉDOUARD, CAMILLE, ANTOINETTE.

ÉDOUARD.

Ma foi! c'est égal, j'ai bien déjeûné!

ANTOINETTE.

Quelqu'un!... sortons!

CAMILLE.

Eh! mais...

ÉDOUARD.

Mesdames!... Grand Dieu!

ANTOINETTE.

Que vois-je?... Édouard! monsieur Édouard!*

ÉDOUARD.

Antoinette!... vous ici?... Quel hasard... ou plutôt quel bonheur?...

ANTOINETTE.

Oh! ni l'un ni l'autre! Nous venons dans cette maison...

CAMILLE.

Oui, nous venons pour...

ANTOINETTE, l'arrêtant.

Oh! silence! ne dis pas... Que personne ne sache... ni lui, ni Ernestine!...

ÉDOUARD.

Vous veniez pour?...

ANTOINETTE.

Pour un service que nous voulions demander à M. Vaucheron... et qu'il nous refuse!...

ÉDOUARD.

Ah bah!

CAMILLE.

Cela vous étonne?...

ÉDOUARD.

Au contraire... Ce qui m'étonnerait, c'est qu'il vous l'accordât.

---

* Edouard, Antoinette, Camille.

ANTOINETTE.
Mais vous !... est-ce le ciel qui vous envoie ? Pardon, pardon, de n'avoir pas pensé à vous d'abord !
ÉDOUARD.
Oh ! parlez !... Vous savez que mon vœu le plus cher serait de mériter votre confiance, votre amitié !... mieux encore... votre...
ANTOINETTE, vivement.
Ma reconnaissance !
ÉDOUARD.
C'est ce que je voulais dire.
CAMILLE, bas, à Antoinette.
C'est cela !... du courage !... je vais trouver Georges... je vais lui dire d'espérer. (Haut.) Adieu, monsieur Edouard, nous ne comptons que sur vous !...
ANTOINETTE.
Oui, va, va !... (Camille sort par le fond.)

SCÈNE XIII.

ANTOINETTE, EDOUARD.

ÉDOUARD, à part.
Trouver celle que j'aime, ici, en ce moment... c'est une compensation. (La regardant.) C'est étonnant !... je sens là que je n'ai jamais été plus amoureux que depuis que je suis ruiné ! Dame ! amoureux... il ne me reste plus que ça !
ANTOINETTE, à part.
Comment lui dire ? comment lui demander... Oh ! mon Dieu !
EDOUARD, à part, s'approchant d'elle.
Eh bien ! ma chère Antoinette... dites !... Demandez-moi ce service que vous attendez de mon... amitié... à charge de revanche.
ANTOINETTE.
J'y compte bien !
ÉDOUARD.
Moi aussi !... Antoinette, ne tremblez donc pas, vous savez si je vous aime !...
ANTOINETTE.
Oh ! oui, et c'est ce qui me donne du courage... Voici ce que c'est... Nous avons... c'est-à-dire, oui, il nous faudrait...
ÉDOUARD.
Il vous faudrait ?...
ANTOINETTE, à part.
Oh ! que c'est difficile ! je n'ose pas !
ÉDOUARD.
Eh bien ! levez donc ces beaux yeux... Laissez-moi votre jolie main... Voyons... ce qu'il vous faudrait...
ANTOINETTE.
C'est... (A part.) Oh ! j'ai le cœur serré !
ÉDOUARD.
C'est ?...

ANTOINETTE, entre ses dents.
De l'argent !...
ÉDOUARD.
Hein ?... vous dites ?...
ANTOINETTE, d'une voix plus rassurée.
De l'argent !
ÉDOUARD.
De... de... (A part.) Par exemple ! si je m'y attendais !.. (Haut.) De l'argent !... Ah ! il vous faut... Vous avez bien fait de penser à vos amis... à moi, d'abord !
ANTOINETTE.
Oui, n'est-ce pas ?... Parce que vous m'aimez... et que vous êtes riche... Vous me l'avez dit !...
ÉDOUARD.
Riche... Oui, oui,... sans doute !
ANTOINETTE, qui s'est rapprochée doucement.
Mon Dieu ! monsieur Edouard, c'est peut-être indiscret ce que je vous ai demandé là... Mais vous me rendriez si heureuse !
ÉDOUARD.
Vous rendre heureuse, c'est tout ce que je veux... (A part.) Eh bien ! je suis fâché que ça vienne d'elle... j'aurais mieux aimé lui offrir... (Haut.) Et la somme que vous demandez ?...
ANTOINETTE.
Oh ! beaucoup.. beaucoup !...
ÉDOUARD, à part.
Diable !... (Haut.) Mais encore ?
ANTOINETTE.
Dix mille francs ! (Mouvement d'Édouard.) C'est peut-être trop ?...
ÉDOUARD.
Mais non... quand on les a,... (A part.) Oui, quand on les a.
ANTOINETTE.
Mais cela vous sera rendu... plus tard...
ÉDOUARD.
Y pensez-vous ?... me les rendre... (A part.) Si elle pouvait me les avancer !
ANTOINETTE.
Et si vous saviez tout ce que je vous devrais...
ÉDOUARD.
C'est donc pour un motif ?...
ANTOINETTE.
Oh ! ne me le demandez pas... je vous en prie, ne me le demandez jamais !...
ÉDOUARD.
Vous ne voudriez pas me le dire ?...
ANTOINETTE.
Je ne le pourrais pas...
ÉDOUARD.
Ce qui revient exactement au même... Il y a là quelque mystère, je le vois... un secret que je dois respecter... (Voulant passer le bras autour de sa taille.) Quand n'aurez-vous plus de secrets pour moi ?...

ANTOINETTE, s'éloignant.

Monsieur...

ÉDOUARD, à part.

Tant de candeur !... Oh ! quelle mauvaise pensée !

ANTOINETTE.

Mais vous n'avez pas maintenant peut-être... cette somme ?...

ÉDOUARD.

Non... pas précisément !... Mais je suis ici chez un parent... chez un banquier... et en m'adressant à lui...

ANTOINETTE.

Oh ! ne lui parlez pas de moi ! (Il la regarde avec surprise.) Ne lui dites pas...

ÉDOUARD.

Je ne lui dirai rien... Et cependant, quelles relations entre vous et M. Vaucheron ?... (Elle baisse les yeux.) Pardon !... je ne le demanderai plus... j'attendrai.

ANTOINETTE, lui tendant la main.

Merci !

ÉDOUARD, la baisant avec transport.

Antoinette !...

ANTOINETTE, écoutant.

C'est lui... Je vous laisse... mais je ne m'éloigne pas... Ah ! j'oubliais, un mot qu'il doit trouver ici... sur cette table !

(Elle va au bureau et écrit.)

ÉDOUARD, à part.

Que peut-elle lui dire ?... (Lui montrant la droite.) Là !... Attendez, et comptez sur moi !

ANTOINETTE.

Oh ! oui !... toujours !...

(A la voix de Vaucheron, elle entre vivement à droite.)

SCÈNE XIV.

VAUCHERON, ÉDOUARD.

ÉDOUARD, à part.

Que m'importe après tout... Je m'assure sa reconnaissance... et, la reconnaissance, ça mène très loin !

VAUCHERON, entrant par le fond, se dirige vers le bureau. — Au bruit que fait Édouard, il se retourne.

Ah ! encore ici ?...

ÉDOUARD.

Voilà qui n'est pas aimable... J'éprouvais le besoin de te dire que...

VAUCHERON.

Quoi ?...

ÉDOUARD.

L'on déjeûne très bien chez toi !

VAUCHERON, regardant du côté de la table.

Je ne suis donc pas un avare !

(Il voit le papier plié et s'approche.)

ÉDOUARD.

Je n'ai jamais dit cela... Je pense même le contraire. (Voyant Vaucheron prendre le papier, à part.) Il paraît qu'ils sont en correspondance !... (S'approchant de Vaucheron qui ouvre le papier.) Tu es très généreux, je le crois... (A part, lisant par dessus l'épaule de Vaucheron.) Nou ! tout court, c'est très court !... (Vaucheron froisse le papier sans mot dire, Édouard continue, à part.) Non !... Quoi ?

VAUCHERON, se retournant.

Vous dites ?

ÉDOUARD.

Je dis que pour preuve de mon estime... de ma confiance de cousin... je te prie de me donner...

VAUCHERON, très calme.

Rien !

ÉDOUARD.

Je me suis conduit comme un fou, j'ai dépensé sans compter...

VAUCHERON.

Eh bien ! comptez maintenant !

ÉDOUARD.

C'est justement pour avoir ce plaisir-là... que je te demande une vingtaine de mille francs, dont j'ai besoin...

VAUCHERON.

J'en suis fâché !

ÉDOUARD.

Tu me les prêteras...

VAUCHERON.

Non !

ÉDOUARD.

A intérêt !

VAUCHERON.

Non !

ÉDOUARD.

A usure !...

VAUCHERON.

A usure !

ÉDOUARD.

Sous le nom du père Feucherolles...

VAUCHERON.

Ce n'est pas vrai !... Je prête à ceux qui me plaisent !... et ce n'est pas vous !

ÉDOUARD.

C'est à cause de la danseuse que tu dis ça.

VAUCHERON.

Les danseuses ! Allez donc leur faire la cour, à présent que vous avez perdu tout votre mérite... votre argent qui vous faisait aimer.

ÉDOUARD, riant.

Ça ne suffit pas toujours... tu le sais bien, cousin !

VAUCHERON, saisissant la chaise qui est près de lui.

Insolent !

ÉDOUARD, de même.

Bataille ! je veux bien !

(Antoinette paraît, tout effrayée, à droite; Durand à gauche ; Feucherolles au fond, avec Ernestine.)

SCENE XV.

Les Mêmes, FEUCHEROLLES, ANTOINETTE, ERNESTINE, DURAND, CAMILLE, FRANCIS, accourant au bruit et sortant successivement.

FEUCHEROLLES, portant un gros rosier.

Eh bien! qu'y a-t-il ? miséricorde !...

ÉDOUARD.

Ne faites pas attention... c'est mon charmant cousin qui fait les honneurs de chez lui !...

FEUCHEROLLES.

Voulez-vous me permettre de vous souhaiter...

VAUCHERON, étouffant de colère, à Édouard.

Sortez !... et si jamais vous osez...

ÉDOUARD.

Parbleu ! oui, je m'en vais... Pour demeurer avec toi, cher ami, il faudrait avoir le talent de Carter !...

VAUCHERON.

Il a dit...

FEUCHEROLLES.

Rien... rien...

ERNESTINE, se trouvant au fond.

Oh ! mon parrain !

VAUCHERON.

Hein ?... que faites-vous ici, chez moi ?... Pourquoi n'êtes-vous pas partie ?... Allez-vous-en !... Feucherolles !...

FEUCHEROLLES.

Mon aimable ami ?... Voulez-vous me permettre de vous souhaiter...

VAUCHERON.

Reconduisez mademoiselle chez son père... que je ne la voie plus... jamais !

ERNESTINE, à part.

Ah ! merci ! épousez donc un lion de cette espèce-là ?...

FEUCHEROLLES, posant son rosier.

Voici mon petit bouquet...

(Ernestine va lui prendre le bras pour partir.)

DURAND, un petit paquet sous le bras.

Monsieur... j'étais le dernier... je pars.

VAUCHERON.

Eh ! va-t'en au diable !

DURAND.

J'y vas... j'aime mieux ça !...

(Édouard, qui a regardé cette scène en riant, voit rentrer Antoinette et court à elle.)

ÉDOUARD, bas.

Pas moyen !... mais à bientôt !... (Haut et gaîment.) Adieu, cousin, je vais trouver des humains plus gentils et des usuriers plus traitables !

VAUCHERON.

Je t'en défie !... (Édouard sort. — Musique à l'orchestre. — Feucherolles et Ernestine sont sortis pendant que Vaucheron continue.) Eh bien, oui !... je prêterai à usure... je ruinerai tout le monde !... je serai dur, sans pitié !

FRANCIS, entrant par la gauche.

Monsieur...

VAUCHERON.

Ah !... Francis !...

FRANCIS.

Avant de m'en aller, je vous apporte la plainte au parquet contre ce pauvre jeune homme... puisque vous voulez qu'on l'arrête.

ANTOINETTE, à part.

Que dit-il ?...

VAUCHERON.

Donnez.

(Il prend le papier et lit. — Camille entre par le fond, au moment où Durand sort.)

ANTOINETTE, allant à Camille, bas.

Ah !... Mon frère... tu l'as vu ?...

CAMILLE.

Oui... Tu as réussi, n'est-ce pas ?... Tant mieux, car il y est décidé : si on le poursuit, il se tuera... (Antoinette lui serre vivement la main.)

VAUCHERON.

C'est bien ; mon argent, mes fleurs... il paiera pour tout le monde !... Donnez que je signe...

ANTOINETTE, s'élançant et poussant un cri.

Ah !

CAMILLE.

Je me meurs !

ANTOINETTE, aux pieds de Vaucheron.

Je reste ! *

(Durand, qui sortait, s'est arrêté au fond. — Camille se cache la tête dans ses mains. — Vaucheron, les yeux attachés sur Antoinette, laisse tomber sa plume. — Le rideau tombe.)

* Francis, Vaucheron, Antoinette, Camille, Durand, au fond.

FIN DU PREMIER ACTE.

ACTE DEUXIÈME.

Un salon riche. — Porte au fond. — Portes latérales, au premier plan. — Portes d'angles au fond. — A gauche de l'acteur, au deuxième plan, une cheminée, sur laquelle est un rosier.

SCÈNE I.

DURAND, FEUCHEROLLES, ERNESTINE.

DURAND, seul.

Allons, mon ouvrage est fini, je vais porter la lettre de mademoiselle à ce pauvre vieux Francis... Pourvu qu'il ne soit pas trop tard... et que le chagrin d'avoir été chassé de cette maison par le fils de son ancien ami, par ce brutal...

FEUCHEROLLES, entrant brusquement du fond, à Ernestine.

Comment ! c'est vous ?

DURAND, effrayé.

Ah !

FEUCHEROLLES, de même.

Ah !

ERNESTINE, de même.

Ah !

DURAND.

Seigneur Dieu ! j'ai cru que c'était lui.

ERNESTINE.

J'ai cru que c'était mon parrain.

FEUCHEROLLES.

J'ai cru que c'était le diable !... Que vous êtes bête, mon cher, de nous faire des peurs comme ça !...

DURAND.

Dame ! monsieur Feucherolles, je m'attendais si peu... Et puis il ne vient jamais personne chez Mlle Antoinette.

ERNESTINE.

Antoinette !... il est donc bien vrai !... moi qui la croyais partie avec sa sœur... et son frère... qui ont disparu tout à coup de Paris... et pourquoi, je vous le demande ?... Mais elle est ici... Oh ! j'en suis bien aise... et je sais quelqu'un qui sera bien heureux aussi de la retrouver.

FEUCHEROLLES.

Quelqu'un ?... un amoureux !... je le parierais !

ERNESTINE.

Et vous gagneriez !... Tiens ! elle est assez gentille pour ça... D'abord, toutes demoiselles bien élevées ont un amoureux... elles n'en ont qu'un... mais elles l'ont.

DURAND.

Certainement...

* Feucherolles, Ernestine, Durand.

FEUCHEROLLES.

Ah ! elle en a un... et qui donc ?

ERNESTINE.

Mais M. Édouard... Ah ! vous ne savez pas ?...

DURAND.

M. Édouard !...

FEUCHEROLLES.

Le cousin de M. Vaucheron... et son ennemi le plus intime.

DURAND.

Il ne vient plus ici.

ERNESTINE.

Je crois bien !... S'il avait su y trouver sa chère Antoinette... Mais le moyen de s'imaginer qu'elle avait pu rester dans cette maison où je tremblais toujours.

FEUCHEROLLES.

Elle a pris votre place... depuis le jour où votre parrain vous a poliment mise à la porte... comme le vieux Francis... comme cet imbécile de Durand... Mais vous, c'est autre chose... si vous aviez voulu, vous seriez madame Vaucheron.

DURAND.

C'est vrai, pourtant.

ERNESTINE.

Voilà ce que mon père me dit tous les jours en grondant, en m'attribuant toutes ses peines... Mais je n'ai pas de regret, et si c'était à refaire...

FEUCHEROLLES.

Vous refuseriez encore ?...

ERNESTINE.

Je refuserais toujours !...

AIR : *J'en guette un petit.*

C'est affreux d'unir sa jeunesse
A quelqu'un de sombre et de froid,
Qui se plaint, qui gronde sans cesse.

FEUCHEROLLES.

Bah ! en ménage ça se voit.

ERNESTINE.

C'est égal, la vie est bien rude
Près d'un mari qui vous déplaît,
Qu'on n'aime pas !...

FEUCHEROLLES.

Bah ! l'on s'y fait.
Quand on en a pris l'habitude.

ERNESTINE.

C'est très grave !... surtout quand une autre personne...

FEUCHEROLLES.
Ah! oui, je sais... il y a de l'amour sous jeu...
ERNESTINE.
Oh! un amour sans résultat... et qui me rend bien malheureuse!... Aussi, quand j'ai su qu'Antoinette était ici, je me suis dit bravement : J'irai la voir, parce qu'elle m'apprendra ce qu'il est devenu.
FEUCHEROLLES.
Votre amoureux... qui donc ?
ERNESTINE.
Ça me regarde... c'est mon secret... Je puis dire celui des autres... mais le mien, c'est différent !
DURAND.
Si M. Vaucheron vous savait ici...
ERNESTINE.
Il ne saura rien !... je ne veux pas le voir... Je lui ai écrit une longue lettre pour mon père, qui me reproche toujours de l'avoir brouillé avec mon parrain.
FEUCHEROLLES.
Dame ! votre père qui est infirme devait tout à ses bontés.
ERNESTINE.
Les bontés de mon parrain ?... Eh bien ! voilà de ces choses que je ne pouvais pas deviner !... Je ne l'aurais pas refusé si vite... j'y aurais mis du temps... Mais Antoinette pourra peut-être obtenir... Savez-vous qu'elle a eu bien du courage... je n'aurais jamais consenti à rester près de l'ours, comme on l'appelait... J'aurais craint d'être dévorée !...
FEUCHEROLLES.
Eh bien ! non... elle a su le prendre dans ses bons momens... la jeune intrigante !...
DURAND.
Monsieur Feucherolles !...
ERNESTINE.
Intrigante !... qui ?... Antoinette ?...
FEUCHEROLLES.
Parbleu !... (A Durand.) Est-elle là, chez elle ?...
DURAND.
Non, elle est sortie.
FEUCHEROLLES.
Je dis que la jeune intrigante... oh ! je n'ai pas peur... je dis ma pensée... a su adroitement s'emparer de lui pour lui gâter le caractère, pour l'enlever à ses amis... Tenez, moi, j'en fais encore ce que je veux.
DURAND.
Oh! oh!
FEUCHEROLLES.
Parce qu'il a besoin de ma signature, de mes petits services... mais ce n'est pas comme autrefois !...
DURAND.
Je crois bien... Hier, par exemple, quand il vous a prié d'aller vous promener.

FEUCHEROLLES.
J'y suis allé... parce que cela m'a convenu... Elle ne restera pas ici... Soyez tranquille... je parlerai pour vous... pour votre père...
ERNESTINE.
Oh! mon Dieu! qu'est-ce que j'entends?... Si c'était...
DURAND.
Eh! ne craignez rien... il ne vient jamais ici... jamais!
ERNESTINE.
Tant mieux... car si je me trouvais en face de lui...
FEUCHEROLLES, qui a remonté au fond, entr'ouvre la porte d'angle à droite.
Eh! mais le voici.
ERNESTINE.
Ciel!
DURAND.
Tiens! tiens! tiens!
(Ils s'éloignent dans le fond avec effroi.—Vaucheron entre par la droite au fond, et va frapper doucement à la porte de gauche.)*
FEUCHEROLLES.
Jamais!
(Ernestine, effrayée, disparaît par la porte du fond qu'elle laisse retomber en sortant.)

SCÈNE II.

VAUCHERON, FEUCHEROLLES, DURAND.

VAUCHERON, se retournant au bruit.
Hein ?... qu'est-ce que c'est ?... qu'est-ce que vous faites là ?
FEUCHEROLLES.
Permettez, mon aimable ami.
VAUCHERON.
Vous venez donc m'épier, m'espionner, grande couleuvre ?
FEUCHEROLLES.
Oh! oh!... charmant!... Vous avez un choix d'expressions...
VAUCHERON, apercevant Durand qui gagne la porte du fond.
Et toi aussi ?... qu'est-ce que ?... Une lettre !...
DURAND, la cachant.
Pardon ! monsieur... Je sortais... je...
VAUCHERON.
Reste !... Tu caches une lettre ?...
FEUCHEROLLES.
Certainement il...

* Vaucheron, Ernestine, Feucherolles, Durand.

VAUCHERON.
Je ne vous parle pas!... Je veux la voir... Donne-la-moi.
DURAND.
Mais, monsieur, elle n'est pas pour vous.
VAUCHERON.
Je m'en doute bien... mais je veux savoir pour qui elle est... Donne...
DURAND.
C'est impossible!
VAUCHERON.
Ah! tu veux me forcer à la prendre! (Le saisissant au collet.) Drôle!... je l'aurai.
FEUCHEROLLES, à part.
Il va le battre!
DURAND.
Monsieur!...
VAUCHERON, la prenant.
Je la tiens!

SCÈNE III.

DURAND, VAUCHERON, ANTOINETTE, FEUCHEROLLES.

ANTOINETTE, entrant du fond.
Quel bruit?... que se passe-t-il donc?
VAUCHERON.
Ciel!
(Il reste immobile, froissant la lettre sans la lire.)
DURAND.
C'est monsieur qui a vu entre mes mains... une lettre que j'allais porter...
VAUCHERON.
Et que cet imbécile me cachait avec une impertinence... Aussi j'ai voulu la lui prendre...
FEUCHEROLLES.
Et il a bien fait!
VAUCHERON.
N'est-ce pas?
ANTOINETTE.
Quoi!... ma lettre!
VAUCHERON, confus.
Votre...
FEUCHEROLLES, bas.
Qu'est-ce que ça fait?
ANTOINETTE.
Je l'avais prié de la porter à son adresse... J'ignorais qu'il fallût...
VAUCHERON, l'interrompant.
C'est vous qui... C'est différent!... Je ne savais pas... Au fait, si elle est de vous... cela ne me regarde plus.
FEUCHEROLLES, à part.
Il mollit! il mollit!

VAUCHERON, souriant, à Durand.
Nigaud!... Il ne pouvait pas me répondre tout de suite... (Durand veut parler.) Allons, va faire ta commission... je ne te retiens pas... Ah! elle est de vous. (Il retient toujours la lettre.)
ANTOINETTE.
Vous n'avez pas regardé?...
VAUCHERON.
Non... mais... va... (Durand prend la lettre et sort.)* Pardon, mademoiselle, d'une indiscrétion...
FEUCHEROLLES.
Oh! du moment qu'on ne sait pas... Vous ne saviez pas... D'ailleurs, un maître de maison...
VAUCHERON.
Qui est-ce qui vous parle?
FEUCHEROLLES.
Mais, mon aimable ami...
VAUCHERON.
Je ne suis pas aimable... vous le voyez bien.
FEUCHEROLLES.
Je vois que vous n'êtes pas curieux... Après ça, si c'était pour M. Édouard, je conçois...
(Il remonte la scène.)
VAUCHERON.
Édouard!... C'était pour...
ANTOINETTE, froidement.
Non, monsieur...
FEUCHEROLLES, redescendant.
Ah! je croyais... C'est la petite Ernestine qui m'a dit... Vous savez, votre filleule... La petite Ernestine qui a refusé...
VAUCHERON.
Bien! bien! Qui est-ce qui vous demande ça, bavard?**
FEUCHEROLLES.
Mon Dieu! c'est que... je l'ai vue, cette pauvre jeune fille... Elle se plaint... de n'avoir pas reçu de réponse à une longue lettre qu'elle vous a écrite...
ANTOINETTE.
Ernestine!... En effet...
FEUCHEROLLES.
Elle est bien malheureuse!... et son père a grand besoin, comme elle, que vous veniez à son secours...
VAUCHERON.
Moi!... je ne lui dois rien!... ni à lui ni à sa fille...
FEUCHEROLLES.
C'est ce que j'ai dit... « Il ne lui doit rien...»
ANTOINETTE.
Vous lui devez au moins une réponse... à Ernestine.
VAUCHERON.
Une réponse... Vous croyez?... C'est possible..

* Vaucheron, Feucherolles, Antoinette.
** Feucherolles, Vaucheron, Antoinette.

AIR du Piége.

De moi l'on ne se plaindra pas ;
Je répondrai... plus tard.
FEUCHEROLLES.
Brave homme !
Au fait, on répond en ce cas,
Aujourd'hui, demain, c'est tout comme.
ANTOINETTE.
Non, tout de suite !...
VAUCHERON.
Vous pensez?...
FEUCHEROLLES.
On a bien le temps de s'entendre !
ANTOINETTE.
Non ! les malheureux sont pressés,
Il ne faut pas les faire attendre.

Vous pourriez ce matin... ici...
VAUCHERON.
Ce matin... ici !... Soit !... je répondrai... tout de suite.
(Antoinette lui fait signe de renvoyer Feucherolles.)
FEUCHEROLLES.
Que diable veut-elle lui dire avec ses...
(Il imite ses gestes.)
VAUCHERON.
Dites donc, Feucherolles, il fait beau... si vous alliez...
FEUCHEROLLES.
Hein ?... me promener... comme hier... j'y suis... (A part.) Elle me renvoie !... Elle a peur de moi... c'est tout simple...
VAUCHERON.
Si vous alliez...
FEUCHEROLLES.
Pardon... c'est que j'ai à vous parler de ce petit marchand à qui j'ai prêté votre argent en mon nom... et qu'il faut faire arrêter.
ANTOINETTE.
Ah !...
VAUCHERON.
Non... attendez...
FEUCHEROLLES.
Ah ! mais j'ai aussi là ces billets... toujours en mon nom.
VAUCHERON, vivement.
Bien !... bien !... je vais les voir... Vous permettez?... Je vais... mais je reviens... pour cette lettre... ici... Je reviens...
FEUCHEROLLES.
L'intrigante !... c'est la guerre qu'elle me déclare... Eh bien ! la guerre !

AIR :

On veut employer, je le voi,
Des procédés indignes...
(Observant Antoinette et Vaucheron.)
Et dans ce moment contre moi
On complote par signes.

VAUCHERON, qui allait sortir.
Feucherolles !...
FEUCHEROLLES.
Si dans l'entretien je voulais
Glisser mon paragraphe,
Beaucoup mieux qu'elle je pourrais
Faire le télégraphe.
ENSEMBLE.
FEUCHEROLLES.
Oui, l'on complote contre moi.
Mon Dieu ! je m'y résigne !
Mais, envers un ami, je croi
Le procédé peu digne !
VAUCHERON et ANTOINETTE.
A s'éloigner d'ici, je vois
Qu'enfin il se résigne ;
Mais c'est à regret, et je crois
Qu'il murmure et s'indigne.

REPRISE DE L'AIR.

(Ils sortent par la petite porte de Vaucheron, à droite au fond.)

SCÈNE IV.

ANTOINETTE, ERNESTINE.

ANTOINETTE, seule.
Oh ! le vilain flatteur !...
ERNESTINE, paraissant au fond.
Hum !... hum !...
ANTOINETTE.
Que vois-je ? Ernestine...
ERNESTINE.
Il est sorti... on peut entrer...
ANTOINETTE.
Et comment es-tu ici? Imprudente, que viens-tu faire ?
ERNESTINE.
Eh ! mais... je viens te voir... je m'attendais si peu à te trouver chez mon parrain !... C'est donc bien vrai... tu demeures chez lui... avec lui ?...
ANTOINETTE.
Il l'a fallu.
ERNESTINE.
Et la cause ?
ANTOINETTE.
Ne me la demande pas.
ERNESTINE.
Ah ! bah !... mais comment as-tu pu te décider ? Tiens, moi, rien que de l'avoir revu... le cœur me bat, ma main tremble... sa vue me donne sur les nerfs !... Je ne puis le regarder en face.
ANTOINETTE.
Juste comme moi les premiers jours.
ERNESTINE.
Oh ! que tu as dû avoir peur !

ANTOINETTE.
Plus que tu ne penses... C'est lorsque, le soir même, ma sœur fut partie avec Georges, mon frère...
ERNESTINE.
Georges! l'ingrat!... et pourquoi est-il parti?
ANTOINETTE.
Ne me le demande pas... C'est lorsque seule dans cette maison... avec cet homme, l'effroi de ses amis, de sa famille, de son quartier... je sentis toute l'étendue de mon sacrifice...
ERNESTINE.
Un sacrifice... pourquoi? (Mouvement d'Antoinette.) C'est juste!
ANTOINETTE.
Quand la nuit vint, je tremblai, je pleurai... et juge de mon effroi, lorsqu'à moitié vaincue par le sommeil, à moitié assoupie dans un fauteuil... car me coucher, je n'osais pas... je fus réveillée par le bruit d'une porte qui s'ouvrait... Je croyais les avoir fermées toutes au verrou... Je me levai... je courus à cette porte... et à l'apparition soudaine de cette figure qui me glaça d'épouvante, je poussai un cri, je tombai à genoux... Et quand je relevai les yeux... plus rien... Il avait disparu...
ERNESTINE.
Ah! mais, moi, je serais morte!... Et il ne revint pas?
ANTOINETTE.
Non... Bien plus, je fus deux jours sans le voir... mais il m'écrivait pour me mettre au courant de sa maison... Ce ne fut que le troisième jour au matin qu'il entra dans la salle où l'on m'avait servi à déjeûner... J'étais pâle, défaite... il y avait trois jours que je ne dormais pas... je me levai en tremblant... et son regard me fit baisser les yeux.
ERNESTINE.
Comme c'est gentil!
ANTOINETTE.
« Eh bien! me dit-il brusquement, des larmes, pas de sommeil... est-ce que je vous fais peur?... » Je ne sais ce que je balbutiai... Il s'était assis... et, après un moment de silence, il reprit d'une voix qui me parut bien plus douce : « Voulez-vous me permettre de déjeûner avec vous? » Alors, un peu rassurée, je le regardai, et je fus frappée de l'expression de bonté qui semblait éclaircir sa physionomie toujours si sombre... Il s'en aperçut sans doute, car il eut l'air de sourire, et me tendant la main : « Vous m'avez pardonné, dit-il; merci!... »
ERNESTINE.
Pardonné?... Ah! oui... l'apparition!
ANTOINETTE.
« Mais dorénavant vous êtes ici chez vous... J'habiterai en bas... près de mes bureaux... je n'entrerai chez vous qu'avec votre permission...

Soyez sans crainte et fiez-vous à moi!... Et si dans quelques jours... dans un mois... je vous fais encore peur... si vous voulez toujours me quitter... eh bien! d'avance je vous rends votre liberté! »
ERNESTINE.
Un mois!... c'était bien long... Je n'aurais jamais attendu jusque-là!
ANTOINETTE.
Et pourtant, quelques jours, après, j'étais presque heureuse! Non pas qu'il fût bien changé, mais je m'habituais à ses traits si durs... à sa voix si brusque!... Et puis tant de soins! tant de prévenances!... Un mot de moi, et je suis obéie comme une reine... Tout, autour de moi, a pris un air de luxe et de fête qui me rassure... Il a pour moi les attentions les plus délicates... Il sait que j'aime les fleurs... comme lui... et, tous les matins, il m'envoie une rose comme pour me rappeler mon frère... Tous les matins, je trouve là, sur ma cheminée, de l'or... que j'accepte... non pas pour moi, mais pour lui... Je fais du bien... Les pauvres connaissent sa demeure... Je tâche qu'il se fasse aimer... Il commence! et pour peu qu'il s'y habitue, c'est un plaisir si doux que bientôt il lui sera impossible d'y renoncer!...
ERNESTINE.
Tu crois?
ANTOINETTE.
Mon Dieu! oui... Et je dis souvent que si les hommes ne sont pas meilleurs, c'est un peu notre faute!
ERNESTINE.
C'est égal... il y en a que je ne voudrais pas me charger d'apprivoiser!... Et lui-même, il n'y paraît guère... Et son cousin, M. Edouard?
ANTOINETTE.
Oh! silence!... Ne prononce pas ce nom ici... Il y en a trois qu'il ne peut pas entendre...
ERNESTINE.
Le mien!...
ANTOINETTE.
Oui... Celui de ce pauvre Francis, qui meurt dans la misère à laquelle il l'a condamné... et M. Edouard.... qu'il déteste.... je ne sais pourquoi?...
ERNESTINE.
Oh! je le sais bien, moi... Parce qu'il est gentil, aimable... Parce qu'il t'aime...
ANTOINETTE.
Oh! plus bas!... Tu l'as vu?...
ERNESTINE.
Certainement.

AIR : Venez, venez troupe jolie.

Oui, ce n'est plus qu'à toi qu'il pense,
Il est triste, il est malheureux,
Séparé de toi... Ton absence
Le rend cent fois plus amoureux.

C'est étonnant comme on fascine
Un amant... comme il est plus doux
De loin !... Et pourtant j'imagine
Qu'il vaut mieux l'avoir près de nous.
Oui, malgré cela, j'imagine
Qu'il vaut mieux l'avoir près de nous.

C'est comme moi pour ton frère Georges...
ANTOINETTE.
Et M. Édouard... Oh ! qu'il ne vienne pas ici !..
ERNESTINE.
Dame ! maintenant qu'il sait la demeure....
Écoute donc, il t'aime... il veut t'épouser... Il me l'a dit vingt fois !... Et maintenant qu'il t'a retrouvée... Tu l'aimes toujours ?...
ANTOINETTE.
Oh ! oui... Il a mes sermens. Mon amour est à lui !... Je suis prête à quitter cette maison...
ERNESTINE.
Quitter cette maison...
ANTOINETTE.
Sans doute... Le mois qu'il m'avait demandé expire aujourd'hui !
ERNESTINE.
Aujourd'hui ! Quel bonheur !... Tu es libre... Oh ! comme à ta place j'aurais déjà...
ANTOINETTE.
Avant mon départ, je ferai un dernier effort pour M. Edouard... pour toi...
ERNESTINE.
Près de mon parrain ?... Tu vas encore lui parler... là... en face !... Ah ! mon Dieu !... je me sauve !...
ANTOINETTE.
Non... entre là... chez moi...
ERNESTINE.
Oh ! mon père... Je te le recommande... Et ensuite...
ANTOINETTE.
Oui, oui, entre... Ah ! c'est lui !
(Ernestine entre à gauche, au premier plan.)

SCÈNE V.

ANTOINETTE, VAUCHERON, entrant par la droite, au fond.

VAUCHERON.
Pardon ! Je vous dérange... C'est pour cette lettre que je viens... Vous savez... cette lettre...
ANTOINETTE.
De votre filleule... Il faut bien que vous lui répondiez...
VAUCHERON.
C'est fait !... J'ai arrangé ça avec Feucherolles... Dame ! puisque vous l'avez voulu... Mais, entre nous, je n'en voyais pas la nécessité.

ANTOINETTE.
Vous lui en voulez donc toujours beaucoup...
VAUCHERON.
Oui, beaucoup... C'était ma filleule !... je l'aimais comme un frère... Je l'avais comblée de mes bontés... Et puis quand je lui ai offert mon cœur... ma fortune... Elle a refusé...
ANTOINETTE.
Mais... si elle ne vous aimait pas ?...
VAUCHERON.
Et pourquoi ne m'aimait-elle pas ?... pourquoi !.... Elle me préférait peut-être quelque fat... qui l'aura refusée à son tour... parce qu'elle n'a rien !... Elle est malheureuse... c'est bien fait ! je suis content... Je puis prendre ma revanche !... Je puis lui écrire...
ANTOINETTE.
Quoi donc ? Que vous la regrettez...
VAUCHERON.
Non... oh ! non... Une tête folle... un cœur sec et froid... Si elle eût été comme... vous, je ne dis pas... Si bonne... si... Je lui écris très poliment... Vous allez voir que je sais, quand il le faut... Tenez ! (Il lui donne la lettre.)
ANTOINETTE, lisant.
« Vous êtes une ingrate, mademoiselle...»
VAUCHERON.
C'est poli... mademoiselle...
ANTOINETTE.
« Je me suis trop occupé de votre bonheur...
» Vous voulez sans doute en confier le soin à un
» autre... Ma tâche est finie, la sienne com-
» mence... » Ah !
VAUCHERON.
Hein ? trouvez-vous ?...
ANTOINETTE.
Je trouve cela bien sec... bien dur pour votre filleule... votre enfant... Vous vous faites plus méchant que vous n'êtes !
VAUCHERON.
Quoi ! cette lettre ?...
ANTOINETTE, la lui rendant.
Elle ne serait pas d'un bon cœur.
VAUCHERON.
Pas d'un bon cœur !... (La regardant avec émotion.) Vous devez vous y connaître mieux que moi... Eh bien ! voyons !... Vous lui diriez...
ANTOINETTE.
Oh ! presque la même chose... Par exemple... (Dictant.) « Ma chère enfant...» (Il hésite.) Vous écrivez ?... (Vaucheron cède à l'ascendant qu'a sur lui Antoinette, et va se mettre à la table, où il écrit.)
« J'ai toujours fait des vœux pour votre bonheur...
» Et en ce moment encore, bien que vous désiriez
» en confier le soin à un autre, je ne puis rester
» étranger à ce qui vous intéresse ; ma tâche
» n'est pas finie, quand pour vous le malheur com-
» mence... »

ACTE II, SCÈNE VI.

VAUCHERON.
Oh ! cela...
ANTOINETTE.
Vous devez le penser... vous le pensez !
VAUCHERON.
Au fait, c'est à peu près ce que je disais... en d'autres termes...
ANTOINETTE.
Et vous continuez...
VAUCHERON, reprenant l'autre lettre.
Comme ici... tout simplement... « Armez-vous » de courage pour supporter le sort que vous êtes » fait vous-même... Recevez les vœux de votre » parrain, seul bien qu'il puisse vous offrir en- » core... et... » (Il va pour écrire.)
ANTOINETTE, lui retenant le bras.
Ah !
VAUCHERON.
C'est...
ANTOINETTE.
C'est poli... je ne dis pas... mais... vous pourriez dire encore la même chose d'une autre manière.. Tenez.. si vous me permettiez.. Vous êtes si bon pour moi !... (Il reprend la plume et écrit.) « Armez- » vous de courage pour supporter votre sort que » l'amitié s'efforcera d'adoucir, et comptez toujours » sur les vœux... comme sur les bienfaits de votre » parrain... »
VAUCHERON, la regardant.
Les bienfaits...
ANTOINETTE.
C'est à peu près ce que vous disiez... Et sous la même enveloppe... vous pourriez glisser quelques billets de banque.
VAUCHERON.
Vous dites ?...
ANTOINETTE.
Je complète votre pensée... Vous si riche, le nabab du quartier... il vous en coûtera si peu pour lui prouver que vous ne regrettez rien... que vous n'en voulez pas... à son père... à elle...
VAUCHERON.
Je n'en veux plus à personne... Je n'ai plus qu'une volonté, la vôtre... Quand vous me le conseillez, le bien me semble facile. Si vous saviez ce que j'éprouve !... Il me semble que près de vous tout est changé en moi... Vous me donnez de la bonté, presque de l'esprit... Et tenez, maintenant... je me rappelle un mot de ma pauvre mère, quand elle me voyait malheureux d'être haï.

AIR de l'Angelus.

André, me disait-elle, André,
C'était le nom de ma jeunesse,
Ton cœur souffrant, triste, ulcéré,
Que le chagrin poursuit sans cesse,
Quelque jour perdra sa rudesse,

Si l'on sait s'emparer de toi,
T'aimer pour toi !... Vaine chimère !
Et pourtant je ne sais pourquoi,
J'espère toujours, et je croi
Au bonheur prédit par ma mère.

ANTOINETTE, le regardant.
Eh bien ! les heureux que vous faites !...
VAUCHERON.
Je vous les dois... Depuis que vous êtes entrée ici... dans cette maison...
ANTOINETTE, avec intention.
Il y a un mois.
VAUCHERON, la regardant.
Un mois... déjà !
ANTOINETTE, après un instant.
Mais des heureux... il vous en reste à faire, peut-être... Et d'abord, Francis... ce fidèle caissier... ce vieil ami...
VAUCHERON.
Francis... il m'a insulté... il m'a appelé... comme les autres... lui que j'aimais comme un frère !
ANTOINETTE.
Et l'autre... votre cousin... M. Édouard...
VAUCHERON.
Jamais ! jamais !
ANTOINETTE.
De grâce...
VAUCHERON.
Pourquoi me parlez-vous de lui ?... Un fat, un insolent, un ingrat... comme tous ceux à qui j'ai rendu service... Voilà tout ce que mes bontés ont produit... l'ingratitude !... Et cette lettre...
(Il va pour la déchirer.)
ANTOINETTE.
Ah !... cette lettre... vous l'enverrez... comme vous me l'avez promis... et croyez à plus de reconnaissance... Déjà les malheureux vous attendent à la porte de votre hôtel pour vous remercier, pour vous bénir... et Ernestine...
VAUCHERON, tirant un portefeuille.
Oui, oui... cette lettre, il faut la compléter... Tenez... êtes-vous contente ?... Et maintenant prenez-la... envoyez-la à son adresse...
(Antoinette a ouvert la porte, et fait approcher Ernestine.)
ANTOINETTE, prenant la lettre, et la donnant à Ernestine.
A son adresse... Elle y est !
VAUCHERON.
Plaît-il ?

SCÈNE VI.

Les Mêmes, ERNESTINE.

ERNESTINE.
Ah ! mon parrain !

VAUCHERON.
Ernestine... laissez-moi !

ERNESTINE.
Oh! non, vous m'entendrez... vous croirez à ma reconnaissance... à celle de mon père... Et, mieux que cela, vous nous rendrez votre amitié, mon parrain!... Oh! moi qui avais peur, je ne tremble plus... je pleure encore, mais c'est de joie!... Ah! que vous êtes bon!

VAUCHERON, ému.
Je suis,... (A Antoinette.) Vous le voyez!... on ne m'aborde plus avec dédain, avec effroi... Encore un peu, et l'on m'aimera peut-être.

ANTOINETTE.
Mais on vous aime!

ERNESTINE.
Oh! oui, mon parrain!

VAUCHERON, plus bas, à Antoinette.
C'est que... vous veillez près de moi... vous m'inspirez toutes mes bonnes pensées... Depuis un mois!... un mois!... Oh! je me rappelle mes paroles... vous êtes libre... vous avez le droit de me quitter... Me quitter !... vous qui m'avez appris à faire des heureux; vous, me...

ANTOINETTE, le regardant.
Monsieur !...

ERNESTINE.
Quel changement!... S'il eût été ainsi, quand on m'offrait sa main...

ANTOINETTE.
Tu l'aurais acceptée ?

ERNESTINE.
Oh! non... j'aimais ton frère...
(Pendant ce temps, Vaucheron s'est arrêté, est revenu, et prenant la main à Antoinette.)

VAUCHERON.
Francis, mon vieux Francis... qu'il revienne.., C'est un désir de vous... Eh bien! je le reverrai!

ANTOINETTE.
Oh! merci!...

ENSEMBLE.

AIR :

ERNESTINE.
Oh! comme ça le change!...
Je le trouvais si laid !
Si laid !... Et c'est étrange,
A présent il me plaît.

VAUCHERON.
Restez ! pour moi tout change,
Mais autant il vaudrait
Mourir, si mon bon ange
Loin de moi s'envolait.

ANTOINETTE.
Autour de lui tout change,
Et moi-même, en effet,
Il m'émeut. C'est étrange,
Mon ouvrage est complet.

ERNESTINE.
A bientôt, mon parrain, je vais rendre mon père très heureux.

VAUCHERON.
Oui ! Adieu ! adieu !...
REPRISE DE L'ENSEMBLE.
(Vaucheron sort par la gauche et Ernestine par le fond.)

SCÈNE VII.

ANTOINETTE, puis ÉDOUARD, FEUCHEROLLES.

ANTOINETTE.
Le quitter !... m'éloigner de cette maison !... C'est singulier... cela me coûte plus que je ne pensais !... Il me semble que je m'attache moi-même à cette bonté qui est mon ouvrage !... J'en suis presque fière !... Tout à l'heure, en me parlant, il avait des larmes dans les yeux... j'ai cru que j'allais lui dire : Je ne partirai pas... Et pourtant il ne m'a pas rendu mon frère... Il n'a pas compris mes angoisses, mon silence !... et pour M. Édouard lui-même il est inexorable !... Oui, je partirai,... il le faut, car on sait ma demeure, et je tremble.

FEUCHEROLLES, dehors.
Eh! oui... par ici, vous dis-je!... par ici.

ÉDOUARD, de même.
Quoi ! vraiment ?...

ANTOINETTE.
Qu'entends-je ?... cette voix !...

ÉDOUARD, paraissant.
On ne m'a donc pas trompé !...

ANTOINETTE.
Monsieur Édouard !...

ÉDOUARD.
Antoinette !... vous que je retrouve chez mon féroce cousin.*

ANTOINETTE.
Oh ! je suis bien heureuse!... et si je n'écoutais que le plaisir que j'éprouve en ce moment... mais j'ai peur...

FEUCHEROLLES.
Ne craignez rien... personne ne l'a vu entrer... personne que moi... qui me suis trouvé là par bonheur... c'est-à-dire par hasard... pour l'amener... ce cher M. Édouard !... Je suis si content ! M. Vaucheron ne sait pas...

ÉDOUARD.
Et puis, quand il me verrait... ce n'est pas ce que je crains, au contraire... Qu'il vienne !... j'aurai du plaisir à lui dire toute ma pensée...

* Édouard, Antoinette, Feucherolles.

ACTE II, SCÈNE VIII.

FEUCHEROLLES, à part.
Voilà le feu dans la maison !...
ANTOINETTE.
Oh ! de grâce... si vous m'aimez !...
ÉDOUARD.
Si je vous aime !... Cette disparition soudaine, cette longue absence, ce mystère, tout irritait mon amour... Et maintenant que je vous ai retrouvée... plus jolie encore... Mais qu'avez-vous?... vous voilà toute tremblante !...
FEUCHEROLLES, à part.
Je crois bien... si l'autre pouvait... Oh !...
ANTOINETTE.
Non... c'est qu'avant de vous revoir j'aurais voulu... j'espérais... calmer...
ÉDOUARD.
Qui?... le féroce?... Je n'y tiens pas... Au contraire... Avant de vous enlever d'ici... (Mouvement d'Antoinette.) Oui, je vous enlève !...
FEUCHEROLLES, à demi-voix.
C'est ça... Enlevez. (A part.) Bon voyage !..
ÉDOUARD.
J'ai d'abord un compte à lui demander !... Je saurai pourquoi il vous retient prisonnière, vous...
ANTOINETTE.
Oh! non... ne croyez pas... Il est si bon...
ÉDOUARD.
Ah bah !
FEUCHEROLLES.
Excellent !... L'ours est apprivoisé... il n'égratigne plus que ses amis intimes et gênans.
ÉDOUARD.
Ah bah !
ANTOINETTE.
Monsieur Feucherolles !
FEUCHEROLLES.
Dame ! il ne fait plus arrêter ceux qui lui doivent... Il ne se sert plus d'un homme de paille pour prêter à de gros intérêts... Il secourt de petites gens gratis.
ÉDOUARD.
Ah bah !
FEUCHEROLLES.
Il a des accès de bienfaisance !...
ÉDOUARD.
Il est malade !
FEUCHEROLLES.
Ça a remplacé les accès de colère... On dirait qu'il n'ose plus s'emporter... Il en rougit !...
ANTOINETTE.
Monsieur Feucherolles !
FEUCHEROLLES.
C'est à vous qu'on doit cela; ma belle demoiselle... à vous qui lui avez rogné les griffes !... C'est tout simple !... il ne sait rien vous refuser !... Vous êtes adroite... Ça coûte cher... Pas à lui... mais à vous qui... (Édouard la regarde ; elle lui fait signe de renvoyer Feucherolles, qui continue.) à vous qui avez tant de courage !... (Il aperçoit les gestes d'Antoinette.) Hein !... plaît-il ?...
ÉDOUARD.
Monsieur Feucherolles... vous êtes bien aimable de m'avoir amené jusqu'ici... mais vous avez des affaires... sans doute... et...
FEUCHEROLLES, à part.
Je comprends... Il fait beau... comme ce matin... comme hier... Comme... elle me fuit... l'intrigante !   (Il surprend encore un geste.)
ÉDOUARD.
Ne vous gênez pas.
FEUCHEROLLES, à part.
C'est-à-dire que je les gêne !... Patience !

AIR : J'ai vu le Parnasse, etc.

Je vous laisse... je me retire.
ÉDOUARD, bas.
Vous dites donc?...
FEUCHEROLLES, de même.
Que sa vertu
A pris sur notre homme un empire.
ÉDOUARD, de même.
Et comment l'a-t-elle obtenu ?...
FEUCHEROLLES, de même.
C'est son secret... Mais nul ne manque
A ce principe fort ancien,
Qui fait tout l'esprit de la banque,
C'est qu'on ne donne rien pour rien.

ÉDOUARD.
Grand Dieu ! monsieur !...
ANTOINETTE.
Qu'y a-t-il donc ?
FEUCHEROLLES, répétant le dernier vers.
C'est qu'on ne donne rien pour rien.
(Il sort par le fond.)

SCÈNE VIII.

ANTOINETTE, ÉDOUARD.

ÉDOUARD, que a accompagné Feucherolles, revient.
Antoinette !
ANTOINETTE.
Monsieur Édouard! Mon Dieu ! qu'avez-vous donc ?...
ÉDOUARD.
Nous sommes seuls ; vous me direz, à moi qui vous aime... que vous aimez... pourquoi je vous retrouve dans cette maison... près de cet homme que je déteste !...
ANTOINETTE.
Votre parent !
ÉDOUARD.
Je le déteste, il me hait ; nous sommes quittes...

C'est-à-dire non, je lui redois encore ; car enfin, vous êtes chez lui... près de lui... Vous me cachiez vos traces... Pourquoi?
ANTOINETTE.
Monsieur Édouard... il y a là un secret... que vous saurez plus tard.
ÉDOUARD.
Plus tard...
ANTOINETTE.
Un secret que je ne puis confier qu'à un époux!.. Ernestine m'a dit vos projets..; Ah! c'est bien !
ÉDOUARD.
Mes projets... sans doute... Mais vous ne pouvez rester ici... Vous me suivrez... (A part.) Ah! morbleu ! il ne sera pas dit qu'il m'aura soufflé celle que j'aime... Je la lui ressoufflerai !
ANTOINETTE.
Que dites-vous ?
ÉDOUARD.
Je dis... que j'ai le droit de réclamer, d'enlever un cœur qui était à moi... Je viens vous disputer à cet homme... dont la fortune vous a éblouie !
ANTOINETTE.
Vous ne le pensez pas!
ÉDOUARD, à part.
L'argent !... quelle sotte chose... quand on n'en a pas. (Haut, avec colère.) Mais je me vengerai !...
ANTOINETTE.
Ne parlez pas de vengeance! Laissez-moi l'espoir de vous réconcilier un jour... Et d'abord, éloignez-vous, de grâce!... vous ne pouvez rester ici !
ÉDOUARD.
Et je n'y resterai pas!... C'est vous qui me suivrez... Désormais je ne vous quitte pas!... vous resterez près de moi, Antoinette!
ANTOINETTE.
Édouard... on ne peut rester ainsi que près...
ÉDOUARD.
De l'ami le plus tendre...
ANTOINETTE.
D'un époux !
ÉDOUARD.
Oui, s'il vous faut un protecteur, c'est moi qui veillerai sur vous... cent fois mieux que lui. Qu'il reste avec sa fortune... avec son orgueil brutal... moi, je n'ai que mon amour à vous offrir, mais un amour qui ne vous laissera rien regretter !... Venez, ou je croirai que vous ne m'avez jamais aimé...
ANTOINETTE.
Eh quoi !... aujourd'hui ?...
ÉDOUARD.
A l'instant, si vous m'aimez... Oh ! je vous en prie... je vous en prie à genoux !
ANTOINETTE.
Eh bien !... oui !...

SCÈNE IX.

ANTOINETTE, ÉDOUARD, VAUCHERON.

VAUCHERON, du fond.
C'est bien lui !...
ANTOINETTE.
Ciel!
ÉDOUARD.
Ah bah !...
VAUCHERON, à part.
Feucherolles ne me trompait pas !...
ÉDOUARD, à part.
Bataille !
VAUCHERON, violemment.
Et de quel droit, monsieur !...
ÉDOUARD.
Plaît-il ?...
ANTOINETTE.
Monsieur !...
VAUCHERON.
Ne craignez de moi ni violences, ni emportement !... Vous l'aimez ?...
(Antoinette le regarde et rentre lentement, à gauche.)

SCÈNE X.

VAUCHERON, ÉDOUARD.

ÉDOUARD, à part, pendant la sortie.
Quel regard !... Ce trouble d'Antoinette... le sien...
VAUCHERON, à part.
Elle l'aime !...
ÉDOUARD.
Diable ! diable ! diable !
VAUCHERON.
Et me direz-vous maintenant, monsieur, de quel droit vous osez... dans cette maison... après ma défense... Parlez, mais parlez donc !...
ÉDOUARD.
Prends garde, tu vas l'emporter !...
VAUCHERON, se contenant à peine.
Non... je suis calme... je suis maître de moi !... Parlez, de quel droit ?...
ÉDOUARD.
Mais d'abord, toi-même, de quel droit confisques-tu à ton profit... une jolie fille qui m'aime ?...
VAUCHERON.
Vous !
ÉDOUARD.
Qui m'adore !...

VAUCHERON, violemment.
Vous mentez, vous dis-je!... et...
ÉDOUARD.
Prends garde, tu vas t'emporter!
VAUCHERON, se contenant.
Non... Mais elle ne vous aime pas, elle ne peut vous aimer... Un séducteur qui est amoureux de toutes les femmes!...
ÉDOUARD.
C'est vrai!
VAUCHERON.
Un fat!...
ÉDOUARD.
Cela vaut mieux que d'être un sournois! Comment as-tu gagné, séquestré cette pauvre jeune fille? Tu l'as séduite avec ton or, tu as négocié son amour comme un effet au porteur...
VAUCHERON.
Édouard!...
ÉDOUARD.
Mais tu as beau faire... elle te déteste!...
VAUCHERON, se calmant.
Elle me déteste!... D'où savez-vous?... qui vous a dit..
ÉDOUARD.
C'est facile à voir... Elle est malheureuse... j'ai entendu ses cris de détresse... Pauvre petite!... j'arrive à son secours... Elle va me suivre... Tu auras beau t'y opposer... c'est convenu!...
VAUCHERON, très ému.
Ah!... c'est... (A part.) Malheureuse... près de moi!... (Haut.) Je ne m'y opposerai pas!..
ÉDOUARD.
Hein? tu dis?...
VAUCHERON.
Je dis... qu'elle est libre... qu'elle peut... Puisqu'elle vous aime... elle peut... Je ne la retiens pas... Allez...
ÉDOUARD, à part.
Comment?...
VAUCHERON.
Elle t'aime... Elle te suit... Mais tu l'épouseras!...
ÉDOUARD.
Moi?...
VAUCHERON.
Qu'elle soit heureuse!... Tu l'épouseras... Il le faut... Je le veux, et dès demain!
ÉDOUARD.
Un instant... Comme tu y vas!...
VAUCHERON.
Tu hésites!... Je comprends... Elle n'a rien... ni fortune, ni espérances... Mais je la doterai!...
ÉDOUARD.
Toi!
VAUCHERON.
Cette fortune que tes folies ont jetée dans ma caisse... je te la rends... Reprends tout... ce sera ta dot... celle de ta femme!... Sa femme!...

ÉDOUARD.
Ma femme!...
VAUCHERON.
Tu hésites?...
ÉDOUARD.
Non!...

AIR : de Teniers.

Pour l'argent que ta main me donne,
C'est toujours un nouveau plaisir,
J'accepte et, ma foi, je m'étonne,
Que l'idée ait pu t'en venir.
Générosité peu commune,
Donner ton or!...
VAUCHERON.
　　　　Ah! trop tard je le sus!
Crois-moi, ce n'est pas la fortune,
Dont la perte coûte le plus.

ÉDOUARD.
Ah ça! dis-moi du moins...
VAUCHERON.
Assez!... Mais d'abord je lui parlerai... à elle!... Va-t'en!...
ÉDOUARD.
Mais...
VAUCHERON.
Va-t'en, ou je ne réponds pas de moi!...

SCÈNE XI.

Les Mêmes, DURAND.

DURAND, à la cantonade, au fond.
Oui; Mlle Antoinette est chez elle, je vais... Ah!...
VAUCHERON.
Quoi? qu'y a-t-il? As-tu encore quelque secret?...
DURAND.
Moi!...
VAUCHERON.
Quelque correspondance?... Je sais à qui s'adressaient ces lettres mystérieuses...
DURAND.
Plaît-il?... Vous savez...
VAUCHERON.
Je sais... (Bas à Édouard.) Que c'était à vous!
ÉDOUARD.
A moi!...
DURAND.
Eh bien! monsieur... il n'est pas mort.
VAUCHERON.
Hein?...
ÉDOUARD.
Moi!... Ah! ah! ah!...

VAUCHERON.
Pas mort... qui ?...
DURAND.
Eh ! mais lui !... qui est si malade... presque mourant... Ce pauvre M. Francis !...
VAUCHERON.
Francis !...
ÉDOUARD.
Lui, que tu as chassé...
VAUCHERON.
Tais-toi !...
DURAND.
Oui, et depuis ce temps-là, le chagrin la misère...
VAUCHERON.
Malade !... Et tu le savais, et tu ne m'as pas dit...
DURAND.
Mlle Antoinette m'avait défendu...
VAUCHERON.
Antoinette !.. Qu'elle vienne !... Va !...
ÉDOUARD, à part.
Il va lui parler !... Si je pouvais !...
(Il regarde autour de lui.)
DURAND a été ouvrir la porte à gauche.—Antoinette paraît.
La voici...
VAUCHERON, à part.
Ah ! moi qui me confiais à elle... qui la croyais bonne et sensible... Oh ! non ! tant mieux !...
ÉDOUARD, à part.
Ah ! morbleu ! je saurai !... Je n'ai que ce moyen-là !... (A Durand.) Je ne te quitte pas !...
(Édouard et Durand sortent par le fond.)

SCÈNE XII.

ANTOINETTE, VAUCHERON.

ANTOINETTE.
Vous me demandiez, monsieur ?...
VAUCHERON.
Vous partez... je le sais... il me l'a dit, lui... (Mouvement d'Antoinette.) C'est bien... vous en avez le droit.. vous êtes libre... (Changeant de ton.) Mais que vient-on de m'apprendre ?... Francis, l'ami de mon père... le mien... il souffrait... il était malheureux, vous me le cachiez; vous êtes coupable !... Oui ! il meurt peut-être en me maudissant !... (Elle lui tend, ouvert, le billet que Durand vient de lui remettre.) Qu'est-ce donc ?... de lui !... ces lignes écrites d'une main tremblante... (Lisant.) « Vaucheron m'a rendu la vie... » (La regardant.) Moi !... (Il continue.) « M'a rendu la vie, qu'il soit béni... » (La regardant.) Béni !... (Il continue.) « pour les bienfaits dont il m'en- » toure, pour les marques d'amitié qu'il m'a trans- » mises par vous, pour cette visite qu'il me pro- » met... » (Il s'interrompt.) Ces bienfaits..
ANTOINETTE.
Cet or que j'acceptais... pour lui !...
VAUCHERON.
Ces marques d'amitié...
ANTOINETTE.
Me désavouerez-vous ?...
VAUCHERON.
Et cette promesse... que je n'ai faite que tout à l'heure... ici... trop tard...
ANTOINETTE.
Oui, vous retardiez... et moi j'avançais !...
VAUCHERON.
Et il est sauvé !
ANTOINETTE.
Il mourait sans vous !
VAUCHERON.
Oh ! vous êtes un ange !... Vous arrachez de mon cœur le remords qui le déchirait déjà !... Et vous voulez me quitter... Mais alors ce bonheur, cette bonté dont vous me faisiez une habitude... cette estime... ces bénédictions dont on aime à m'entourer !... vous emportez tout cela avec vous !...
ANTOINETTE.
Oh ! non, ne le croyez pas !...
VAUCHERON.
Si fait... Parce qu'après vous je serai seul, dédaigné, chagrin comme autrefois... Et moi qui espérais... Oh ! vous avez raison, je n'étais pas digne de vous... et puisque vous en aimez un autre... qui vous aime...
ANTOINETTE.
Edouard !...
VAUCHERON.
Soyez à lui !... Mais il n'aura jamais plus que moi de respect... d'amour... Oh ! pardon !... c'est la première fois que ce mot m'échappe !... De cet amour si pur... que je vous dois comme une vie nouvelle !... Oui, depuis que vous êtes entrée dans cette maison, pour m'arracher la grâce de votre frère... tout est changé en moi... autour de moi... depuis que je vous aime !... Aussi cette fortune que vous avez rendue généreuse... ce cœur qui vous adorait... je voulais vous les offrir... à la fois comme votre ouvrage et le seul prix qui fût en mon pouvoir... Mais un autre... un autre...
(Il va tomber sur un fauteuil à droite.)
ANTOINETTE.
Monsieur !...

SCÈNE XIII.

Les mêmes, ERNESTINE, ensuite ÉDOUARD.

ERNESTINE.*

Antoinette! Antoinette!... Ah! pardon, mon parrain... Si tu savais, Georges...

ANTOINETTE.

Mon frère!...

ERNESTINE.

Il est arrivé!...

ANTOINETTE, regardant Vaucheron.

Grand Dieu!

ERNESTINE.

Il est de retour... avec ta sœur Camille... C'est mon parrain qui les a fait venir... et avec des bontés...

ANTOINETTE.

Monsieur!... Oh! moi qui l'accusais!...

ERNESTINE.

Merci, mon parrain... C'est que je l'aime tant!... Oh! pardon...

VAUCHERON.

C'est bien... rien ne manquera du moins à votre bonheur... Qu'il vous épouse... lui... mon cousin...

ERNESTINE.

M. Édouard!... il consent...

ANTOINETTE.

Il vous a dit...

VAUCHERON.

Il hésitait... mais je lui rends la fortune qu'il a perdue... c'est votre dot!...

ANTOINETTE.

Il hésitait!...

ERNESTINE.

Oh! ce n'était pas pour cela... mais...

ÉDOUARD, sortant de la porte d'angle à droite.**

Non... non... je n'hésite plus!... car vous êtes la bonté, la vertu même... Je sais... j'ai tout entendu!

ANTOINETTE.

Vous nous écoutiez!...

ÉDOUARD, allant à elle.

Là... et je puis maintenant accepter cette main...

ANTOINETTE, retirant sa main.

Ah! vous doutiez de moi... Je comprends ces hésitations... quand moi... Vous aviez besoin d'épier, d'entendre... pour croire à la vertu de celle qui vous aimait encore!... Ah! monsieur...

ÉDOUARD.

Antoinette!...

ANTOINETTE.

Et lui, il m'a entourée de respect... il m'a aimée en silence... Vous l'avez entendu... il oubliait son bonheur pour ne songer qu'au mien... Prenez la fortune qu'il vous rend... Quant à mon amour...

ÉDOUARD.

Il est à moi!...

ANTOINETTE, tendant la main à Vaucheron.

Il est à vous!

VAUCHERON.

AIR de l'Angelus.

O ciel! qu'entends-je?... Il se pourrait!...

ERNESTINE.

Que dis-tu?...

ÉDOUARD.

C'est de la folie!...

ANTOINETTE.

Il m'a, quand de moi l'on doutait,
Estimée autant que chérie...
A lui mon cœur, à lui ma vie!...

VAUCHERON.

Vous avez réveillé chez moi
Ces instincts dont mon âme est fière :
Ce que je suis, je vous le doi,
Et c'est de vous que je reçoi
Le bonheur prédit par ma mère!

(Il tombe à ses pieds.)

ERNESTINE.

Dites donc... et vous?

ÉDOUARD.

Oh! moi... Imbécile... c'est bien fait!

(Vaucheron se relève.)

SCÈNE XIV.

Les mêmes, FEUCHEROLLES.

FEUCHEROLLES, du fond.*

Eh bien!... où en sommes-nous?... Pas de querelles! calmez-vous!...

---

* Antoinette, Ernestine, Vaucheron.
** Ernestine, Antoinette, Édouard, Vaucheron.

* Ernestine, Édouard, Antoinette, Vaucheron, Feucherolles.

ÉDOUARD.

Ah ! c'est vous, grand bavard !... avec vos idées qui n'ont pas le sens commun !...

FEUCHEROLLES.

Ah bah !

VAUCHERON.

Adieu, Feucherolles... gardez vos conseils, mon ami ; désormais, je n'en recevrai... que de ma femme.

FEUCHEROLLES.

Ah bah ! c'est une maison perdue !...

ERNESTINE.

Le voilà tout à fait apprivoisé !...

CHOEUR FINAL.

AIR :

Belles,
A vous
De rendre doux
Les plus rebelles;
Pouvoir charmant
Que l'on comprend
En vous aimant.

FIN.

Nota. — S'adresser, pour la musique, à M. HEISSER, bibliothécaire et copiste, au théâtre.

Paris. — Imprimerie de BOULÉ et Cⁱᵉ, rue Coq-Héron, 3.

On trouve à la librairie de C. TRESSE, Palais-Royal :

LA FRANCE DRAMATIQUE AU XIX° SIÈCLE.

CABINET SECRET DU MUSÉE ROYAL DE NAPLES.

- 1 beau vol. in-4°, grand-raisin vélin, orné de 60 planches coloriées, représentant les peintures, les bronzes et statues érotiques qui existent dans ce cabinet. Au lieu de 100 fr. — Broché .... 30 fr.
- Le Même, figures noires. — Broché. 20
- Idem, figures coloriées sur Chine, demi-reliure en veau 46
- Idem, figures noires sur chine, demi-reliure en veau 35
- Idem, doubles figures noires et coloriées, cartonné à la Bradel 45
- Idem, avec les deux collections de grav. sur papier de Chine parfaitement coloriés, demi-reliure dos en veau à nerf. 60

L'art ancien et l'art au moyen-âge ne se piquaient pas d'une pudeur bien chaste ; les plus admirables chefs-d'œuvre sont souvent accompagnés de détails obscènes qui en rendent impossible l'exposition aux yeux de tous. Le cabinet secret du roi de Naples est la seule galerie au monde où l'on se soit proposé de réunir tous les chefs-d'œuvre impudiques. Le livre qui les reproduit est l'indispensable complément de toutes les collections de musées, et doit trouver place dans un coin secret de la bibliothèque de l'artiste et de l'amateur.

LE CHASSEUR AU CHIEN D'ARRÊT,
Contenant les Habitudes, les Ruses du Gibier, l'Art de le chercher et de le tirer, le Choix des Armes,
l'Éducation des Chiens, leurs Maladies, etc.
PAR ELZÉAR BLAZE. — Troisième édition. — 1 volume in-8°. — Prix 7 fr. 50 cent.

LE CHASSEUR AU CHIEN COURANT,
Contenant les Habitudes, les Ruses des Bêtes ;
l'Art de les quêter, de les juger et de les détourner ; de les attaquer ; de les tirer ou de les prendre à force ;
l'Éducation du Limier, des Chiens courans, leurs Maladies, etc.
Par Elzéar Blaze. — 2 vol. in-8°. — Prix 15 fr.

HISTOIRE DU CHIEN
Chez tous les Peuples du monde,
D'après la Bible, les Pères de l'Église, le Koran, Homère, Aristote, Xénophon, Hérodote, Plutarque,
Pausanias, Pline, Horace, Virgile, Ovide, Jean Caius, Paullini, Gessner, etc.
Par **ELZÉAR BLAZE.** — Un vol. in-8°. — Prix : 7 fr. 50 c.

LE CHASSEUR AUX FILETS OU LA CHASSE DES DAMES,
Contenant les Habitudes, les Ruses des petits Oiseaux, leurs noms vulgaires et scientifiques, l'Art de les prendre,
de les nourrir et de les faire chanter en toute saison, la Manière de les engraisser, de les tuer et de les manger.
Par **EL. BLAZE.** — Un vol. in-8°, avec planches gravées. — Prix : 7 fr. 50 c.
Le MÊME, grand papier vélin, imprimé en encre rouge. — Prix : 15 fr.

LE CHASSEUR CONTEUR OU LES CHRONIQUES DE LA CHASSE,
Contenant des Histoires, des Contes, des Anecdotes, et par-ci, par-là, quelques Hâbleries sur la Chasse,
depuis Charlemagne jusqu'à nos jours.
Par **ELZÉAR BLAZE.** — Un vol. in-8°. — Prix 7 fr. 50 c.

L'ALMANACH DES CHASSEURS,
Contenant les Opérations cynégétiques de chaque mois de l'année, des Pronostications faites suivant les calculs
du savant Mathieu Lænsberg, des Anecdotes sur la Chasse, la Vie miraculeuse du grand Saint-Hubert, etc.
Par **EL. BLAZE.** — Un volume in-18. — Prix 1 fr.

LA VIE MILITAIRE SOUS L'EMPIRE,
OU MŒURS DE LA GARNISON, DU BIVOUAC ET DE LA CASERNE.
Par **EL. BLAZE.** — Deux vol. in-8. — Prix 15 fr.

LE LIVRE DU ROY MODUS ET DE LA ROYNE RACIO,
Nouvelle édition, en caractères gothiques, conforme aux manuscrits de la Bibliothèque royale,
ornée de 50 gravures faites d'après les vignettes de ces manuscrits fidèlement reproduites,
Avec une Préface par **ELZÉAR BLAZE.** — Un volume grand in-octavo sur jésus. — Prix : 50 francs.

LETTRE A M. LE PRÉFET DE POLICE,
Sur les Ordonnances d'ouverture ou de clôture de la Chasse et sur le Commerce du gibier dans Paris,
pendant que la Chasse est prohibée.
Par **ELZÉAR BLAZE.** — Une brochure in-8. — Prix : 50 c.

TIR AU PISTOLET,
Causerie théorique, contenant l'Art de tirer le Pistolet, le Choix des Armes, la Manière de les guidonner,
Par **M. A. D'HOUDETOT.** — Deuxième édition. — Un joli volume grand in-18 orné de vignettes. — Prix : 3 francs.

Paris. — Imprimerie de BOULÉ et Cⁱᵉ, rue Coq-Héron, 3.

www.ingramcontent.com/pod-product-compliance
Lightning Source LLC
Chambersburg PA
CBHW060531050426
42451CB00011B/1736